이토록 행복한 하루

포토명상, 길상사의 사계

이토록 행복한 하루

이종승 글·사진

예담

| 추천의 글 |

길상사의 사계절을 다룬 일여一如 이종승 님의 사진집 출간을 축하드린다.
그는 바삐 돌아가는 신문사 기자이면서도 회사에 출근하기 전에 먼저 법당을 찾아 참배하고 기도하는 일로써 하루의 일과를 시작한다. 이런 모습을 지켜보면서 요즘 젊은이로는 보기 드문 기특하고 지극한 마음씨가 믿음직스러웠다.

한 달에 한 편씩 『맑고 향기롭게』에 사진과 함께 실린 일여 거사의 글을 읽으면서, 그가 근무하는 회사의 신문 지면에 실린 어떤 글보다도 진솔하고 아름답다고 칭찬해 주고 싶었다. 그가 찍은 사진과 글이 곧 그 사람임을 그때마다 확인할 수 있었다.

자신이 찍은 사진으로 부처님의 자비와 길상사가 지닌 나눔의 의미를 표현하고자 한 조촐한 그의 소원이 이 사진집, 『이토록 행복한 하루』에 그대로 드러나 있다.

이와 같은 지극한 소망이 담긴 '사진 공양'을 받는 이마다, 이 봄철에 행복한 하루 이루기를 진심으로 빈다.

2006년 춘분절에
법정法頂 합장

| 추천의 글 |

나는 '불교'라는 말보다 '불교적 세계관'이라는 말을 더 좋아한다. 2500여 년 전 붓다의 철학은 나에게, 어둠 속 같은 삶을 살아가는 데 한줄기 등불과도 같은 매력적인 가르침이었다. 자유와 자비라는 불교철학은 나에게 무수한 영감을 주었으며 그것은 고해와도 같은 삶을 행복으로 바꾸는 마법 같은 것이었다.

나는 불교적 세계관을 기복신앙과는 관계가 먼 것이라고 생각한다. 소원성취를 위해 불상 앞에서 기도를 하고 절을 하는 것은 '절대'를 믿는 기독교적 신앙과 별 차이가 없기 때문이다. 하지만, 이것은 단지 불교를 받아들이는 태도의 문제임을 실제로 절에 가보면 깨닫는다. 한국의 사찰에 가보면, 수행자들보다 더 열심히 신심을 쌓고 있는 신자들을 많이 만난다. 그들은 자신의 온몸을 다 바쳐 부처님 앞에 가진 것을 공양하고 헌신한다. 불교적 세계관이라는 그럴듯한 말이 한순간에 무화되고 한없이 낮은 자리에서 나를 확인하는 순간이다. 나는 그런 느낌을 이 책을 통해 받았다.

이 책의 저자 이종승 기자는 직장 선배이다. 2년 전 겨울 어느 날, 누군가의 인터뷰를 하기 위해 사진기자인 그와 같은 보도 차량에 동승했을 때, 나는 처음으로 그와 깊은 이야기를 나누었다. 그리고 그때 그가 나와 같은 불교적 세계관을 가진 사람이며, 매일 새벽 길상사에 가서 사진공양을 한다는 소식을 전해 들었다. 반가운 일이었다. 더구나 그의 착하고 순수한 마음, 그리고 자신의 재능을 남을 위해 쓰는 모습은 감동적이었다. 그것은 논리나 분별 같은 이성적 영역을 훨씬 넘어선 진정 마음속으로부터 우러나오는 한 사람의 진실된 표현방식이었다.

그의 홈페이지에서 길상사를 찍은 사진들을 보았다. 우리가 흔히 생각하는 '절寺사진'이 아니었다. 그의 앵글에 잡힌 길상사는 무엇보다 따뜻하고 밝았다. 절이라는 공간을 세속과 떼어내 신성한 공간으로 만들려는 작가의 사심이 없었기에 가능한 것이었으리라.

그는 2년 전인 2004년 6월 '웰빙 휴가'라는 기사에 쓸 사진을 찍기 위해 길상사를 처음 찾았다고 한다. 10여 년 전, 길상사가 대원각이라는 음식점이었을 때 가본 이후 그곳이 절이 됐다는 말을 들었어도 별 인연이 없었던 터였다. 인연이란 그렇게 문득, 갑자기 찾아오는 것일까. 일 때문에 길상사를 찾긴 했지만, 덕조 주지스님을 처음 뵙는 자리에서 "길상사를 찍고 싶다"는 원이 섰고 그의 원을 들은 주지스님은 흔쾌히 허락하셨다고 한다. 좋은 곳을 만나면 사진으로 기록하고 싶은 직업정신에서 출발한 이 일이 그의 내면을 변화시키는 일이 될 줄 그는 그때 알았을까.

그는 이렇게 말한다. "주지스님의 허락을 받은 후 곰곰 생각할수록 '내 모든 것을 다한 공양'이면 더 의미가 있겠다고 생각했다. 만약 나에게 돈이나 명예가 있어 사진 말고 다른 것을 부처님께 공양할 수 있었다면 사진 공양은 하지 않았을 것이다. 15년이 넘는 긴 시간 동안 사진기자를 하면서 사진 한 컷을 위해 생명을 걸었던 적도 있다. 하지만, 의외로 반향이 없어 서운했던 적이 한두 번이 아니었다. 사진기자에게 흔히들 말하는 '역사를 기록한다'라는 말이 단지 뻔지르르한 과찬이 아닌가 의심하던 때도 있었다. 그러나 길상사 사진은 달랐다. 만약 내가 그 옛날 현장에서 목숨을 내놓고 사진을 찍을 때처럼 길상사를 찍는다면 그것은 한층 보람 있는 일이

될 것이라는 자신이 생겼다. 그 연장선상에서 사진공양이 떠올랐다. 만약 공양을 하다가 목숨을 바친다 해도 하나도 아깝지 않다는 생각이 들었다."

그는 길상사를 찍으면서 자신이 변했노라고 여러 번 말했다. 사진 한 컷 한 컷이 그렇게 많은 사람들에게 위안을 주는 일임을 처음 깨달았다고 한다.

비가 오고 눈이 오는 날에도 그는 어김없이 새벽에 일어나 길상사를 찾았다. 밤샘 야근을 하고 집에 돌아가는 길에도 절에 들렀다. 그러면서 그동안 머릿속으로만 알았던 불교적 세계관을 몸으로 하나하나 새겨 넣었다. 그는 카메라라는 기계를 들고 사진을 찍었지만, 정작 그의 사진들은 그의 마음속에 영혼 속에 각인되기 시작한 것이다. 이렇게 새롭게 만난 불교는 그에게 어떤 것이었을까.

"내가 얼마나 작은 존재인지, 그리고 또 내가 얼마나 큰 존재인지를 깨달았다. 사진공양을 하면서 사람들에게 감동을 주는 사진이란, 사진의 대상과 내가 일치되어야 한다는 것을 알았다. 내 감정, 내 생각을 이미지로 표현할 수 있다는 자신감이 사진 작업에 가장 중요한 철학이라는 것을 깨달았다."

그는 앞으로 불교적 이미지를 구현해 보고 싶다고 했다. 이 생에 부처님을 사진으로 글로 표현할 수 있게 해준 그 깊은 인연에 감사하면서 말이다. 그의 작업이 묶인 이 첫 책을 통해서 우리 모두가 그의 마음처럼 낮고 낮은 자리에서 늘 겸손하고 행복한 마음으로 살았으면 하는 마음이다.

허문명

(동아일보 문화부 차장. 『만행, 하버드에서 화계사까지』를 엮었으며
『선의 나침반』 『죽음도 없이 두려움도 없이』를 번역했다.)

| 책을 펴내며 |

사진공양도 벅찬 일이었는데 책까지 내게 되었습니다.
부족함이 많은 제가 세상을 향해 부처님과 길상사에 대한 책을 내는 게 과연 옳은 일인지 자문해 봅니다. 아무도 모르게 시작한 사진공양이었는데 날이 거듭되고 보는 이들이 많아져 결국에는 출판물로까지 인연이 닿았습니다. 송구한 마음과 감사한 마음이 공존합니다. 사람의 몸을 받고 남자로 태어나 불법佛法을 안 것만으로도 큰 복을 누렸는데 제 이름을 걸고 부처님을 세상에 알리고자 나선 것이 더 많은 욕심을 부리는 게 아닌가 하는 생각이 듭니다.

제가 잘할 수 있는 것, 정성을 다해 할 수 있는 것, 그러면서 존재의 의미를 찾을 수 있는 것이 바로 사진이었습니다. 온몸을 다 바친 공양물을 부처님께 올리고 싶은 마음에 사진을 공양물로 택하게 되었습니다. 사진 말고 다른 게 있었다면 그것을 부처님께 올렸겠으나 제게는 사진 찍는 재주뿐이었습니다. 그것은 지금도 마찬가지입니다. 사진으로 부처님의 자비와 길상사가 가진 나눔의 의미를 표현할 수 있다고 생각했습니다. 취재 차 들러 처음 뵌 덕조스님께 1년 기한을 두고 사진공양을 하고 싶다고 감히 말씀드렸습니다. 스님은 제 청을 받아들였습니다. 그렇게 사진공양은 시작

되었습니다.

사진공양을 하면서 거의 매일 아침 법당에 올라 부처님 전에 엎드려 기원했습니다. 부처님의 자비와 길상사의 나눔의 의미가 제 사진과 글을 통해 알려져 불법이 충만한 세상이 되는 데 먼지만큼이라도 역할을 해주십사 하고 빌었습니다. 자청한 일이었기에 사진공양을 하는 내내 즐거웠습니다. 취재를 다니면서 더 찍고 더 나누고 싶었던 마음이 충족돼 좋았고 몰랐던 불교를 알아가는 재미도 있었습니다. 공양 시작 후 얼마 안 돼 쉽게 할 수 있을 거라 생각한 사진 찍기가 온전히 내 스스로를 던져야 하는 것임을 알았습니다. 일주일에 여섯 장의 사진과 글을 홈페이지에 올리기 위해서는 자신을 가다듬어야 했습니다. 1년이 넘는 시간 내내 긴장의 끈을 놓지 않았습니다. 출근 전후 길상사를 찾았습니다. 하루 종일 절에 있을 때도 있었지만 사진은 무작정 기다린다고 찍을 수 있는 것이 아니었습니다. 되새김질하고 싶고, 어느 순간 문득 떠오르는 사진을 찍고자 했습니다. 그런 장면들은 깊이 숨어 있었습니다.

공양 기간 동안 부자의 마음과 가난한 마음이 교차했습니다. 올릴 사진이 많을 때는 세상 어느 부자가 부럽지 않았고 사진 창고가 바닥을 드러낼 땐 서원한 공양을 하지 못할까 전전긍긍했습니다. 공양물 3백 장은 부자의 마음이 한동안 계속될 때 부처님 앞에 엎드려 결심한 숫자였습니다.

사진으로 말을 해야 하는 사진장이지만 글을 덧붙였습니다. 사진을 보는 사람들이 '왜'라고 느낄 수 있는 의문을 해결하고 평소 생각했던 자비와 인연에 대해 말하고 싶었기 때문이었습니다. 사진을 보며 글을 쓰는 것은 마치 음을 들으며 노랫말을 붙이는 것과 비슷했습니다.

사진공양 중에 세상을 떠난 어머님 영전에 이 책을 바치게 돼 만감이 교차합니다. 어머니는 160여 장 정도의 사진을 보시고 세상을 떠났습니다.

어머니가 보지 못했던 사진과 글을 책으로 묶어 영전에 올리게 되니 서운함이 조금 가시지만 생전 보는 것에 비하면 만분의 일에도 미치지 못합니다. 말기 암 투병 중이었던 어머니는 사진공양으로 많은 위로를 받으셨습니다. 슬하를 떠나 일가를 이뤘지만 못내 미덥지 않았던 자식이었는데 사진공양을 하는 모습에 대견한 마음이 드셨던 것 같습니다. 어머니가 즐거워하시는 모습이 좋아서 열심히 사진을 찍고 글을 썼습니다. 그 어떤 것보다도 어머니의 '좋아'라는 말씀에 기뻤습니다. 두 달 보름 남짓 아들네와 같이 살았던 어머니는 제 홈페이지에 실린 사진과 글들을 처음부터 끝까지 몇 번을 보셨습니다. 글을 교정해 주셨고 감상 또한 솔직히 말씀해 주셨습니다.

 어머니의 병을 알고 난 후 아침마다 어머님의 쾌유를 위해 따로 백팔배를 올렸지만 갑작스런 별세에 너무 놀랐습니다. 간절한 소원을 들어주시지 않은 부처님을 원망했었지만 지금은 제 정성이 모자라 어머니가 세상을 떠났다는 생각밖에 들지 않습니다. 불효를 반성하고 어머님의 극락왕생과 지옥중생의 구원을 빌기 위해 법당에 갈 때마다 영단에 향을 사르고 청수를 올립니다.

 사진을 찍으면서 한국 불교를 세상에 알리고 싶다는 생각이 슬그머니 들었습니다. 우리 문화인 불교를 세상에 알리는 것도 사진을 찍는 사람이 해야 할 일이라고 여겼기 때문이었습니다. 쉽게 접근할 수 없는 이유로, 접근하는 이의 편견으로, 불교의 정수가 일반에 알려지지 않는 것이 늘 안타까웠습니다. 알려졌다고 해도 풍경에 치우친 불교 사진으로는 그 전체를 다 보여주지 못한다고 판단했습니다. 길상사를 1년여 동안 찍었지만 불교의 한 자락을 본 것에 불과해 부족하기 이를 데 없습니다. 사진가들이 한국 문화 속에 들어 있는 불교의 심오함과 아름다움을 사진으로 알릴 수 있다면 세계가 한국 문화의 정신적 배경을 이해하는 데 도움이 될 것이라고 생각합니다.

 인연으로 이 책이 세상에 나왔습니다. 길상사 불자님들께 머리 숙여 감사를 드립니다. 정신을 모아 절하고 명상하고 염불할 때 들리는 셔터 소리가 거슬렸음에도 넓은 마음으로 이해해 주셨기에 한국 불교의 여러 모습을 세상에 알릴 수 있었습니다. 책 출간을 허락해 주시고 추천사까지 써주신 법정스님과 수차례에 걸쳐 책에 대한 의견을 내주신 길상사 덕조 주지스님께 어떤 감사의 말씀을 올려야 할지 모르겠습니다. 또한 후배 정인성 씨와 공성태 씨의 도움이 없었더라면 아무것도 없었을 것이기에 그 배려에 감사함을 전합니다.

2006년 이종승

| 차례 |

추천의 글 4
책을 펴내며 8

1
—
천천히 즐겁게, 평화의 한 걸음

매화차 20
패우 22
연꽃 24
코스모스 26
패우와 우산 29
나비와 관음석상 32
종 밑 다람쥐 35
고무신과 털신 38
낙엽과 발 40
계곡 42
향 45
벌개미취 48
손과 염주 50
자비 52
지붕의 인연 54
나무빗장 56
낙엽 쓸기 58
눈과 인연 60
바람 62
눈보라 64

2
매일이 행복하다

조화 72
반가운 다람쥐 74
삼천배 77
극락전의 진객 80
바람과 연등과 소지 82
극락전의 임부 84
영가를 위한 찻잔 87
책상 앞 메모 90
인연 92
한담 94
세 신도 96
넉넉한 풍경 98
맞절 101
법정스님 104
연등 찾기 107
법당의 아침 110
합장한 손 112
돌절구 속의 단풍 114
고요한 포행 116
기품 118
내가 찍는 것들 121
기와불사 124
아비의 기도 126
선방 128
닮은꼴 130
할머니의 기도 132

3
함께 살아간다는 것

문 138
절에 온 수녀님들 140
욕심 많은 비둘기 143
길상사 화단 146
직박구리 148
걸레질 150
연등 옷 152
웃음 154
참회의 절 156
점안 158
발과 인연 161
인연 164
마음과 마음 167
눈길 170
스님과 수사 172
목탁 174
추기경님의 방문 176
삭발 178

4
길을 찾아 떠나는 마음여행

나를 돌아보는 발걸음 184
스님과 죽비 186
비질하는 마음 188
빨래 191
경책 194
고엽 196
손, 큰 손 198
손과 문고리 200
스님 신발들 203
길 206
도반 208
낙엽 태우기 211
수레 미는 스님 214
헤어진 천수경 217
염불 220
그리고 아무 말도 하지 않았다 222
입정 225
대 이파리 위의 눈 228
구도, 그 멀고도 먼 길 230
관음석상과 눈 232
건강하세요 234

1

천천히 즐겁게, 평화의 한 걸음

봄 새싹이 났을 때 생명의 움틈에 기뻐했는지, 여름 빗방울 머금은 잎의 기쁨을 느꼈는지, 가을 그 위에 앉은 새의 지저귐에 즐거웠는지 뒤돌아봅니다. 설사 공감하고 느꼈다 해도 그것이 날 변화시켰는지 반문해 봅니다.

매화 차

매화 향에 취했습니다.
처음엔 녹차 향이 났으나 이내 매화 향만 남았습니다. 이 향은 온 방 안에 가득 찼습니다.
매화 향을 즐기는 것이 옛 문인들의 풍류 중 하나라고 했던가요?
근원 김용준 선생이 한기에 떨면서도 방 안의 매화를 보며 추위를 참았다는 일화에 고개가 절로 끄덕여집니다.
겨우내 꽃망울을 터뜨리기 위해 견디고 견딘 매화이기에 그 향은 코끝을 넘어 가슴에 와 닿았습니다.

패우

지난 토요일, 서울에는 비가 많이 내렸습니다.
길상사도 예외는 아니었습니다.
집에서 내리는 비를 보다가 문득 비 내리는 길상사의 풍경이 궁금했습니다. 마침 절에서는 초하루 법회가 열리고 있었습니다. 여느 때 같으면 법회에 더 관심이 있었을 테지만 그날만큼은 패연히 내리는 비를 찍고 싶었습니다. 카메라와 몸이 젖었지만 개의치 않았습니다.

사진은 길상사 극락전 지붕에서 처마 쪽으로 내리는 빗물입니다.
시간당 몇십 밀리의 폭우가 아니었다면 이런 사진은 나오지 않았을 겁니다.
일부분을 잘라 낸 사진이라 '거두절미'한 것처럼 보입니다.
이 사진을 찍고 난 후 세차게 내렸던 비가 오히려 고마웠습니다.
알지 못했고 보지 못했던 길상사의 이런저런 모습을 카메라에 담을 수 있어 기뻤기 때문입니다.

연꽃

처음으로 클로즈업 기법을 사용했습니다.
촬영 당시 300mm 렌즈가 있었다면 연꽃은 더 단순화되었을 겁니다.
연꽃잎 한두 개만으로도 선과 색의 표현이 가능하고 느낌의 전이가 가능하리라 생각했습니다. 코끼리의 몸체를 보지 않아도 발이나 상아를 통해 코끼리임을 아는 것과 마찬가지로 말입니다.

사진은 길상사 찻집 처마에 걸려 있는 종이 연꽃입니다.

코스모스

코스모스는 비가 싫은 모양입니다.
아침부터 내리기 시작한 비에 코스모스는 이내 고개를 땅으로 돌렸습니다. 이런 꽃의 마음을 외면한 채 비는 세차게 내리고 있습니다. 게다가 빗방울이 꽃잎에 매달려 있어 코스모스의 마음을 더욱 무겁게 하는 듯합니다. 화려하지는 않지만 가을의 전령인 모습을 세상에 내놓은 지 겨우 보름 남짓인데 가을비에 잎을 떨어뜨려야 하는 코스모스의 처지가 왠지 불쌍해 보입니다.

꽃이 그렇듯 사람도 그럴 것입니다.
이런 게 윤회가 아닐까요. 씨앗으로 있다가 잎을 내고 한때 화려하고 아름다운 모습을 보였다가 어느새 져버리는 일이 반복되는…….
꽃 뒤에 아련히 뭉개져 있는 흰 배경은 '극락전極樂殿'입니다. 코스모스의 유한성에 비교되는, 영원히 받들어져야 할 것들이 있는 법당의 이름입니다.

햇살을 받아 화려의 극치에 있는 꽃을 찍지 않고, 비 오는 날 카메라를 들

이댔던 이유는 다시 한번 유한성을 생각하기 위함이었습니다.
하지만 화면의 전체적인 이미지는 아름다움입니다. 비애미悲愛美로 보일 수도 있고 자연미自然美로도 볼 수 있습니다. 어느 쪽이 맞는지는 잘 모르겠습니다. 역시 저 또한 멀리 있는 도道를 향해 가는 평범한 인간인 모양입니다.

패우와 우산

스케치 사진의 전형을 길상사에서 찍었습니다. 우산이 있는 그림이지만 사람 냄새가 납니다. 비가 억수같이 퍼붓던 날의 길상사 극락전 바깥 풍경입니다. 가운데 우산들은 스님들 우산임에 분명합니다. 극락전의 가운데 출입문으로는 스님들만 출입하기 때문입니다. 왼쪽 오른쪽에 있는 우산들은 신도들 것이겠죠.
지금 보니 우산을 펴놓은 이유는 벗어 놓은 신발을 '보호'하기 위한 것 같습니다. 사진을 찍은 날 비는 정말 '양동이로 퍼붓듯이' 내렸거든요. 눈에 띄는 것은 가운데 빨간 우산입니다. 그 우산 때문에 사진이 살았습니다.

나비와 관음석상

가랑비가 간간히 내리는데 나비를 만났습니다.
의외였습니다. 햇볕이 쬐고 산들바람이 불 때 화분이 나비를 불러올 텐데 장마철에 나비라니요.
반가웠습니다.
길상사에서 만나게 될 수많은 '살아 있는 것'들의 몸짓을 예감했으니까요.
사람과 더불어 동식물들도 길상사를 이루는 요소라고 여겼기에 그들을 찍고 싶었던 마음이 굴뚝같았습니다.
까치들의 범종각 부근 희유를 제대로 못 찍어서 아쉬웠던 차였습니다.

나비는 관음석상 밑 꽃밭 주위를 맴돌았습니다.
꽃밭에는 두세 종류의 꽃이 있었는데 나비는 공교롭게도 '부처꽃' 위에 앉았습니다. (꽃 이름은 나중에 알았습니다. 그리고 놀랐습니다. 부처꽃에 앉은 나비를 찍다니…….)
꿀을 먹는지 화분을 따는지 나비는 한참이나 부처꽃에 있었습니다. 나비는 관음석상에 가깝게 서 있는 부처꽃에만 머물렀습니다. 배경으로 관음석상을 넣으려는 제 시도가 무산될 것 같았습니다.

만약 취재였다면 기원했을 겁니다.
5년 전 동부전선 최전방에서 산양을 찍기 위해 언제 나타날지도 모를 '산양 출현'을 모든 신들께 빌었던 적이 있습니다.
오늘은 그냥 나비의 몸짓만을 구경하기로 마음먹고 나비가 하는 짓을 한참이나 봤습니다.
나비가 관음석상 밑의 꽃밭을 떠났으면 저도 사진 찍기를 포기했을 텐데 나비는 부처꽃 여기저기를 옮겨 다녔습니다. 마침내 나비는 제가 원하던 부처꽃에 앉았습니다. 나비가 앉은 부처꽃 저만치 뒤에는 관음석상이 훌륭한 배경 역할을 하고 있었습니다. 나비가 도망갈까봐 조심조심 셔터를 눌렀습니다. 작은 만족감이 저를 기쁘게 했습니다.

앞으로 관음석상 주위에서 일어날 아름다운 모습들에 작은 기대를 걸면서 이 사진을 올립니다.

종 밑 다람쥐

벌써 세 번째 등장하는 다람쥐입니다.
다람쥐도 얼굴이 각각이라 필시 전에 봤던 녀석은 아닐 것이나, 다람쥐를 구분할 재주가 없는 제게는 그놈이 그놈입니다.
다람쥐를 보면 대견한 마음이 듭니다. 천적인 청솔모가 높은 느티나무에서 잽싸게 다람쥐를 쫓는 것을 여러 번 본 적이 있는데, 무사할까 걱정을 안 할 수가 없었습니다. 관리장님은 다람쥐를 살리기 위해 청솔모를 쫓았다고 하셨지만 다람쥐는 그 수가 늘지 않고 줄어드는 것 같아 불쌍했는데, 가끔씩 귀여운 녀석들의 모습을 보면 '용케도 살았구나' 하는 생각이 들기 때문입니다.

행동이 앙증맞은지라 다람쥐가 나타나면 사람들 입가에 미소가 번집니다. 특히나 아이들이 좋아하는데, 여목(둘째아이)은 그런 다람쥐를 찍어 보겠노라고 카메라를 들고 애를 썼으나 찍지는 못했습니다. 놈이 여간 빠른 게 아니어서 사진기자인 저도 녀석을 찍으려면 매우 신경을 써야 하는데, 꼬마인 여목이 무거운 카메라를 들고 빠른 피사체를 찍기란 참으로 힘든 일일 것입니다.

이 녀석은 아침마다 종 밑을 휘 둘러보고 갑니다.
아마도 범종 근처에서 먹이를 자주 발견했기 때문일 것입니다. 종소리가 크다는 걸 알고도 남을 텐데 종 주위에서 먹이를 찾다니 겁도 없는 녀석입니다. 저녁에만 종이 울린다는 걸 알았다면 녀석의 재치는 보통이 아닙니다. 사진을 찍을 때 녀석은 먹이를 종 밑으로 가져와 먹었습니다. 먹이를 발견한 장소가 아닌 종 밑에서 먹이를 먹는 걸 보고 녀석도 원음을 내는 종 근처에 가면 마음이 편해지는 게 아닌가 하는 생각을 했습니다.

얼마 있다가 종은 자리를 옮길 예정입니다. 새로운 범종각에서도 녀석이 먹이를 태평스럽게 먹을지 두고 볼 일입니다.

고무신과 털신

고무신과 털신이 가지런히 놓여 있습니다.
길상선원에서 참선하시는 분들의 신발입니다. 봄이 되었지만 아직 찬 기운이 있어 털신을 신발장 구석으로 밀어 놓기는 이른가 봅니다. 그렇기에 고무신이 더 눈에 띕니다. 햇볕 좋은 날 포행할 때는 털신보다 고무신이 제격입니다. 잡기 편한 곳에 놓여진 고무신은 주위의 거무튀튀한 색깔 덕에 더 희게 보입니다.

신발장의 고무신들은 오선지 위의 음표인 양 놓여 있습니다.
오른쪽에 있는 발이 조금 더 내려왔거나 꽃 봉우리가 피었더라면 '신발의 노래'를 못 들을 뻔했습니다.

일년 내 한 신발장 안에 있는 고무신과 털신이지만 제게는 봄이 오는 모습으로 보입니다.

낙엽과 발

낙엽은 사람을 생각에 들게 합니다. 허전함 때문인지 아니면 또 한해가 간다는 것 때문인지 이러저러한 생각이 머릿속에 떠오릅니다. 생각은 또 골똘해져 갑니다. 낙엽을 밟고 있는 저 발 때문입니다.

봄 새싹이 났을 때 생명의 움틈에 기뻐했는지, 여름 빗방울 머금은 잎의 기쁨을 느꼈는지, 가을 그 위에 앉은 새의 지저귐에 즐거웠는지 뒤돌아봅니다. 설사 공감하고 느꼈다 해도 그것이 날 변화시켰는지 반문해 봅니다. 그러면서 낙엽을 봅니다. 낙엽 위에 우뚝 서 있는 스님의 발도 봅니다.

두 발이 아닌 한 발로 땅을 짚고 있다는 생각이 들 때가 있습니다.
사람이기 때문입니다. 기쁨에 슬픔에 희망에 낙담에 온전한 두 발은 어느새 한 발로 줄어듦을 경험했습니다. 부처님을 알고 나서 한 발만 가졌다는 생각은 많이 줄어들었습니다. 일부러 스님의 발 하나만 찍었습니다. 우리네 발과는 다르다는 생각 때문입니다. 낙엽과 발은 조화일 수도 있고 대비일 수도 있습니다. 사진의 '은유'가 조금이라도 전해졌으면 합니다.

계곡

길상사의 '계곡'입니다.
길상사를 모르더라도 옛 '대원각'을 와 보신 분이라면 길상사에는 북에서 남으로 흐르는 작은 도랑이 있다는 걸 아실 겁니다.
성북동의 훨씬 위쪽인 삼각산에서 내려온 이 물은 수량은 적지만 밑으로 내려가 성북천을 이루는 데 한몫을 합니다.

꽤 내린 비에 훌륭한 계곡이 생겼습니다. 수량도 제법 많습니다. 낙차까지 더해지자 굵은 포말들이 생겨 더 시원해 보입니다. 발이라도 한번 담그고 싶은 충동이 일어납니다. 물과 비가 함께 내는 소리가 적당해 아취까지 느껴집니다. 즉흥적으로 일으킨 마음은 계면쩍어집니다. 경내를 휘감는 그 소리는 육신의 시원함보다는 마음의 청량함을 찾는 게 어떨까라고 묻는 것 같습니다. 고 길상화보살님(길상사를 시주한 김영한 여사)께서도 길상헌(왼쪽에 보이는 집)에서 저 소리를 들으며 대원각을 시주할 생각을 하셨지 않았을까 생각해 봅니다.

비 그친 후 기대를 갖고 계곡에서 물고기를 찾았습니다. 있다면 어떻게 찍

을까 궁리한 후 계곡을 샅샅이 뒤졌지만 물고기를 찾을 수 없었습니다. 가재라도 있을까 해서 돌을 들어보기까지 했으나 없었습니다. 아쉬웠습니다.

길상사는 서울의 복판에 있는 절입니다. 길상사는 도심의 삭막함을 이처럼 훌륭한 경관으로 보충해 줍니다. 절에 오기 전까지 상상도 못했던 광경입니다. 모두 나눔에서 비롯된 것들입니다. 그 소중함을 다시금 느낍니다.

향

이른 아침 제가 극락전 서쪽 영단의 향로에 피워놓은 향입니다.
마침 어느 분이 향로를 정리해 놓으셔서 향로 안이 깔끔했습니다. 먼저 태워졌던 향들은 재로 변해 여기저기 널려 있지만 어지럽지는 않습니다.
향로 안의 모습은 생전에 정갈하셨던 어머님과도 어울리기에 사진을 찍었습니다.

어머니가 돌아가신 후 법당에 갈 때마다 향을 올립니다. 향 세 개에 불을 붙인 후 향로에 꽂기 전 한참 동안 향을 들여다봅니다. 왼손에 들려 있는 향을 보면서 어머님의 얼굴을 떠올립니다. 이생의 모든 일을 잊고 먼저 가신 아버님과 함께 편안한 영생을 누리시라고 되뇌입니다. 눈에 눈물이 고일 때도 있고 담담할 때도 있습니다. 타는 향을 보면서 '어머니…… 지금 저랑 함께 계시죠. 살아 계실 때의 힘드셨던 일 부디 잊으세요. 부처님, 어머니를 극락왕생시켜 주세요……'라고 중얼거립니다.

내일 모레면 어머님의 49재입니다.
49재라니. 아직도 믿기지 않습니다. 믿기지 않기에 이 글을 쓰는 순간에도

감정을 주체할 수 없어 눈이 충혈되는지 모르겠습니다. 언젠가 이 날이 올 줄은 알았지만 막상 어머님이 가시니 필설로 형언할 수 없는 슬픔이 밀려옵니다.
아…… 어머니…….
작은 향로는 재로 꽉 차 있습니다. 재로 가득한 향로만큼이나 제 마음도 어머님의 영혼을 위한 기도로 가득 차 있습니다.

벌개미취

토요일 새벽 길상사를 찾은 저의 눈에 가장 먼저 들어온 것은 경내에 핀 벌개미취입니다.
아름다웠습니다. 한여름인데도 불구하고 가을을 느끼게 하는 벌개미취가 경내에 무리지어 피어 있으니 보기에 참 좋았습니다.
어떻게 찍을까 하루를 고민하다가 오후 늦게서야 비로소 벌개미취를 표현할 수 있는 방법이 떠올랐습니다.
찰나의 아름다움과 영원한 아름다움의 비교.
꽃은 물론 아름답지만 변하는 것입니다. 항상 그 자리에 있는 법당을 보고 꽃의 미감美感을 느끼기는 힘들지만 그곳에는 영원히 변치 않을 부처님의 진리가 있습니다. 여기에 진정한 아름다움이 있다고 생각했습니다.

어디선가 바람이 불어왔습니다.
벌개미취는 이리저리 흔들렸습니다. 부처님이 계신 법당은 그대로였습니다.

손과 염주

손과 염주는 닮아 보입니다. 세파를 견뎌온 굵은 손마디와 수만 번을 만져서 반질반질해진 염주가 주는 느낌은 비슷합니다. 손의 주인은 연세가 일흔은 넘어 보이는 보살님입니다. 많고 많은 손과 염주의 결합 중에서 유독 보살님의 손과 염주에 시선이 끌렸습니다.
구도와 기도의 열정 때문입니다.
한여름, 땀 냄새로 뒤범벅된 불당에서 노 보살님의 삼천배를 향한 끊임없는 몸짓은 그 어느 현란한 동작보다 저를 움직이게 만들었습니다.

사실 이러한 풍경은 불당이 있는 곳이라면 흔히 볼 수 있는 풍경입니다. 꼭 길상사가 아니더라도 목격할 수 있는 장면입니다.
마음을 열고 길상사에서 벌어지는 일들을 보면 이 사진처럼 흔히 볼 수 있는 모습에도 감동을 받습니다.

사람에게서 맑음과 향기로움을 느끼기란 쉽지 않습니다.
절에서 느끼는 사진 찍기의 어려움을 이러한 향기로 이겨냅니다.

자비

사진을 찍으러 길상사에 가지만 매번 카메라를 들이대지는 않습니다.
어떤 날은 몸으로 길상사를 느끼러 가기도 합니다.
왼쪽으로는 자그마한 계곡이 있고 그 위쪽으로 스님들의 처소로 향하는 길이 있는데 바로 그곳에서 이 팻말을 발견했습니다. 열 번도 넘게 이 길을 다녔지만 그동안 보지 못했던 것입니다.

'자비심이란 이웃으로 향한 따뜻한 그 마음이 아니겠는가.'
자비, 사랑, 인애. 수도 없이 들어왔지만 이날만큼 가슴이 뭉클했던 적은 없었습니다. '아, 그래. 자비란 그런 것이지.'
고요한 분위기에 젖어 있던 제게 나무 둥치에 걸려 있는 자비에 대한 가장 쉬운 설명은 더 이상 길상사를 소요하게 만들지 않았습니다. 그 자리를 맴맴 돌며 이웃으로 향한 따뜻한 마음을 되뇌었습니다. 법정스님이 올해 하안거 입제 때 말씀하신 '친절'이란 단어도 자꾸만 떠올랐습니다.
깨닫지 못하고 생각이 좁아서 사전적인 의미의 글귀에 감명받았을지 모릅니다. 길상사에서 사진을 찍으며 저는 몸으로 '그 무엇'을 받아들이고 있습니다.

지붕의 인연

길상헌의 기와 위로 따사로운 햇볕이 내리쬐고 있습니다. 그 햇볕을 받아 자랐을 두 그루의 박과 생물이 왼쪽 오른쪽에 자리를 잘 잡고 있습니다. 길상헌의 기와 위에는 큰 나무가 있기에 햇볕이 잘 들지 않으나 나뭇잎 사이로 국부적인 곳에 빛을 비추기도 합니다.
기와, 박 그리고 햇볕의 컬러링은 튀지 않고 조화를 이루었습니다.

박씨는 지붕 위 나무에 가끔씩 앉아 있는 까치가 날라 온 모양입니다. 기와 틈 사이에 자리를 잡은 박씨는 적당한 습기와 따가운 햇볕 덕에 잎을 피웠습니다. 사진을 찍으면서 박의 넓은 잎사귀와 제법 두툼한 줄기를 보고 '가을이면 길상헌의 지붕에서 소담스런 박을 보겠구나' 하고 생각했습니다.

박을 본 지 불과 이십여 일이 지났을까. 엊그제까지 있었던 박이 흔적도 없이 사라져 버렸습니다. 그 사이에 심한 비바람이 쳤던 것도 아니고 누가 지붕에 올라가 피살이 하지도 않았을 터인데 말입니다.
가을이 왔을 때 둥그런 박이 기와에 없을 것을 생각하니 아쉬웠습니다.

나무빗장

길상사의 만추 속에 나무빗장이 숨겨져 있었습니다.
숨겨져 있다고 말하는 것은 한참을 들여다봐야 나무빗장을 발견할 수 있었기 때문입니다. 언뜻 보기엔 떨어진 낙엽이 문에 걸려 있는 것처럼 보였는데 다시 보니 일부러 해놓은 것임을 알 수 있었습니다.

출장 후 열흘 만에 본 경내가 아름답게 변해 좋았는데 고엽을 이용한 빗장을 보니 가을이 와락 와 닿는 느낌이었습니다. '누가 꽂아 놨을까'로 시작한 저의 상상은 만추를 느끼게 하는 또 다른 소재였습니다. 스님이었건 신도였건 운치 넘치는 나무빗장을 만든 이에게 감사했습니다.

경내를 온통 뒤덮고 있는 화려한 색깔의 단풍이 양이라면 길상헌의 문에 꽂혀 있는 이 빗장은 음이라고 할 만합니다. 세상이 음양의 조화이듯 길상사의 늦가을에도 음양의 조화가 있었습니다. 한쪽만 강조되면 조화가 깨지나 안과 밖이 이렇게 조화가 맞으니 길상사의 만추는 세상에 회자될 만큼 좋은가 봅니다.

낙엽 쓸기

몸집이 큰 느티나무라 낙엽도 엄청났습니다. 10월 중순부터 매일 낙엽을 떨어뜨렸고, 10월 하순에 들어서면서부터는 나무 밑에 쌓일 정도로 낙엽의 양은 많아졌습니다.
보기는 좋았지만 청소를 하시는 스님을 보면서 걱정하지 않을 수 없었습니다. 이 나무뿐 아니고 마당 주위에 있는 느티나무 고목 모두 낙엽을 떨어뜨렸기에 스님 혼자서 치우는 게 만만치 않아 보였기 때문이었습니다.
새벽 시간에 수도자인 스님이 하실 일은 청소 말고도 많기에 두 시간이 넘는 청소는 스님의 계획된 일과를 그르칠 거라 생각했습니다. 그러나 제 염려는 공연했습니다.
나무 위에서 바라본 스님의 비질은 바쁠 것이 하나도 없었습니다. 귀한 하루의 귀한 일을 하는 양 스님은 정성스럽게 낙엽을 쓸었습니다.
하나 둘 낙엽이 쓸리고 마당이 깨끗해지자 스님 걱정에 조급했던 제 마음도 느긋해지기 시작했습니다. 스님의 흐트러짐 없는 비질이 저를 평온하게 했던 것입니다.
길상사 사진을 찍으면서 보고 느끼는 것들을 때론 말과 글로 설명할 수 없는 경우가 있습니다. 가을날 새벽에 본 스님의 낙엽 쓸기가 그랬습니다.

눈과 인연

사람과의 인연은 어쩌면 편협합니다.
편협의 부정은 새로운 세계의 긍정을 내포합니다. 사람이 주는 맑음은 비할 데가 없습니다. 그것은 평생을 갑니다.

내게 맑음을 준 이는 사람보다는 나무를 보라고 했습니다.
송진 냄새 솔솔 나는 죽은 소나무 토막이 백년은 거뜬히 간다고 했지요. 아무리 봐도 나무가 사람보다 낫다고 했습니다.

사람도 나무도 소중한 인연입니다. 맑음이 인연이 되고 그 인연은 또 다른 인연을 나았습니다. 인연 덕에 눈도 봅니다. 세상에 흩날리는 눈도 보이는 것이지요. 인연입니다.

바람

색을 채우면
공이 보이듯

쌓였던 눈
바람에 날리니

바람은
공인가 색인가.

눈보라

깊은 산속 어디쯤인 듯한 착각이 듭니다.
눈이 내리니 매일 봤던 길상사는 오간데 없고 새로운 길상사가 펼쳐집니다.
스님은 눈보라를 뚫고 법당을 향해 갑니다. 거세게 내린 눈은 삽시간에 쌓여 스님이 걷는 길을 전인미답의 경지로 만들었습니다. 장삼에 드러난 눈과 극락전 앞의 고목나무가 어슴푸레 보이는 걸 보면 내리는 눈이 꽤 많은 걸 알 수 있습니다.

눈보라는 8만4천의 번뇌로 보였습니다.
그 간난신고가 스님의 온몸을 때리지만 스님은 의연하기 그지없습니다. 이 번뇌를 법으로 바꿔 중생들에게 전해주려고 각오한 지 오래입니다. 얼굴에 부딪치는 눈발은 그래서 상쾌할지도 모르겠습니다. 한걸음 한걸음 참 자아에 나아가는 구도자의 길입니다. 묵묵히 법당을 향해 가는 스님에게 중요한 일은 부처님 전에 엎드려 예불을 올리는 것입니다.

중생을 구제하는 부처님의 법이 많고 많듯 길상사에서 보는 것들도 그러합니다.

마음을 열었기에 모든 게 상징으로 은유로 보입니다. 좁은 공간으로 생각한 적은 한 번도 없습니다. 오시는 분들의 가슴속에 부처님이 모셔져 있기에 그분들의 진심어린 행동은 바로 부처님의 몸짓이란 생각 때문입니다. 길상사의 경치를 바꾸어놓은 눈은 그 과정을 담는 데 있어 기분 좋은 보너스입니다. 덤으로 얻는 즐거움 또한 부처님의 세계를 알게 해주니 감사할 따름입니다.

2

매일이 행복하다

⊛ 인적이 드문 해질녘과 새벽녘엔 길상사에 둥지를 틀고 있는 날짐승들이 경내를 마음껏 활보합니다. 몇 안 되는 산승들이 법당에서 기도를 올리고 있을 때 까치, 참새, 멧비둘기, 비둘기, 다람쥐 등은 자기들 나름대로의 기도를 하는지 경내는 이들이 내는 소리로 가득합니다.

조화

봄의 색깔은 많습니다.
각각의 색도 감탄을 자아낼 만큼 고운 색을 지녔지만 섞어 놓아도 아름답기만 합니다.
태극의 조화처럼 색들은 상생하고 있습니다.
자연의 색 속에는 함께 살려는 마음이 들어 있습니다.

반가운 다람쥐

오늘 드디어 다람쥐와 인연이 닿았습니다.
길상사 사진을 찍으면서부터 안면을 익혔건만 이제야 제게 얼굴을 보여줬습니다. 경내에 인적이 뜸한 아침 7시쯤 다람쥐가 불현듯 경내 돌절구 위에 앉았습니다. 카메라는 들고 있었지만 '무방비' 상태였기에 원하는 구도의 사진을 찍을 수 없었습니다.

아침 공기도 상쾌하고 또 찍을 것도 눈에 띄지 않아 돌절구에서 2~3m 떨어진 곳에서 이놈을 기다렸습니다. 무작정 기다린 것이지요. 필시 경내 횡단이 더 있을 거라는 믿음 때문이었습니다. 저는 이놈이 사람이 있건 없건 간에 범종각 쪽에서 극락전 옆 나무로 한 시간이면 두세 번 정도 횡단을 하는 걸 여러 번 봤기에 잘하면 찍을 수 있겠다고 생각했습니다. 횡단 중간 기착지는 경내 중간에 있는 돌절구입니다. 여기서 잠시 쉬었다가 물을 한 모금 들이킨 후 쏜살같이 사라지는 걸 여러 번 봤기에 중간 기착지인 돌절구에서 기다리기로 한 것입니다.

이십분쯤 지났을까. 놈이 이번엔 극락전 앞 나무에서 돌절구로 쏜살같이 내려와 2, 3초 동안 머물렀습니다. '준비'를 하고 있었기에 놈의 표정을

잡을 수 있었습니다.

놈은 이번엔 물을 먹지 않았습니다.
대신 햇볕을 받아 막 봉우리를 열고 있는 수련을 잠시 일별하고 제 쪽을 봤습니다. 자기가 항상 다니는 길을 지나 범종각 쪽으로 가고 싶다는 의향을 내비친 것이지요. 하지만 저 때문에 안 되겠다 싶었는지 길상헌 쪽으로 눈을 돌린 후 미련 없이 내달리는 것이었습니다. 저 때문에 조금 돌아간 것입니다.

인적이 드문 해질녘과 새벽녘엔 길상사에 둥지를 틀고 있는 날짐승들이 경내를 마음껏 활보합니다. 몇 안 되는 신도들이 법당에서 기도를 올리고 있을 때 까치, 참새, 멧비둘기, 비둘기, 다람쥐 등은 자기들 나름대로의 기도를 하는지 경내는 이들이 내는 소리로 가득합니다.

새소리와 기도 소리가 어울려 경내에 가득 찰 때 저는 길상사가 사람만의 도량이 아니고 짐승들의 도량도 되는구나 하고 생각합니다.

삼천배

삼천배.
삼천세계에서 오시는 부처님께 드리는 절이라고 합니다.
지극한 신앙심의 발로입니다.
절을 마치려면 보통 7~8시간은 걸리기에 체력만으로는 할 수 없다고 합니다. 나보다는 남을 위하는 일념과 정성이 중요하다는 것이지요.

삼천배는 쉬이 하는 절이 아니라고 들었습니다.
성철스님은 삼천배를 한 신자에게만 자상한 모습을 보이셨다고 합니다. '애썼다' '수고 많았다'는 말을 신도들에게 하셨을 뿐 아니라 직접 쓰신 법명과 화두를 주셨다고 합니다. 무서운 성철스님이 삼천배를 한 신도들에게 이렇게 잘 대해주신 걸 보면 삼천배의 의미가 어떤지 짐작이 갑니다.

길상사에서는 한 달에 한 번 삼천배 봉헌 법회를 올립니다.
저는 삼천배를 찍기 위해 길상사로 향하면서 참석한 신도들이 별로 없을 거라고 생각했습니다. 하지만 법당 안을 꽉 채운 신도들과 자리가 없어 밖에서 기다리고 있는 신도들을 보고 놀랐습니다. 이렇게 많은 사람들이 삼

천배를 하기 위해 오다니. 줄잡아도 삼사백 명은 될 것 같았습니다.

절을 시작한 지 30분밖에 되지 않았으나 모든 분들이 땀으로 목욕을 한 듯이 보였습니다. 그럴만도 한 것이 30도에 육박하는 실내 온도는 가만히 앉아 있어도 땀이 날 정도인데 옆 자리의 신도와는 6~70cm밖에 안 떨어져 있는데다가 '나무아미타불' 염불을 하면서 절을 했기에 법당 안은 용광로나 다름없었습니다.
한 분 한 분의 얼굴에는 땀이 줄줄 흘렀습니다. 표정 또한 간절하기 이를 데 없었습니다.

삼천배를 상징하는 표정을 잡기란 절하는 것만큼이나 어려웠습니다.
사진속의 보살님 표정에는 삼천 부처님을 향한 경건함과 간절함이 배어 있습니다. 보살님의 몸에 흐르는 땀은 온몸을 뒤덮고 있습니다. 파마머리는 땀으로 풀려버렸습니다.

절이 자기를 비우는 가장 좋은 방법이라고 합니다.
이 사진을 보면서 '비우기'의 어려움과 의미를 다시금 생각했습니다.

극락전의 진객

길상사 극락전에 진객이 오셨습니다.
짧은 머리에 승복 차림이라 동자승으로 착각했지만 스님은 아니었습니다.
아이가 엄마 아빠 손에 이끌려 극락전에 들어서자 극락전이 환해지는 것 같았습니다.
만 두 돌이 지난 아이의 해맑은 모습은 보는 이들에게 기쁨을 안겨주었습니다. 저 또한 진객을 발견하곤 말로 표현할 수 없는 환희를 느꼈으며, 이런 순수의 모습을 보게 됨을 감사하게 여겼습니다.

극락전에 들어온 아이는 누가 시키지도 않았는데 합장을 하고 절을 합니다. 부처님께 절을 올리는 폼은 앙증맞기 짝이 없으나 자세는 엄정하기 이를 데 없습니다. 곱게 모은 두 손과 진지한 표정은 어른에 비해 손색없습니다.

극락전에 들어서면 편안한 마음을 느낍니다.
부처님이 모셔져 있기에 당연하지만 귀한 손님들의 청정무구한 미소와 마음이 더해져 더욱 그럴 것입니다.

바람과 연등과 소지

바람이 연등에게 속삭입니다.
흔들리면 어떻겠느냐고…….

연등은 소지에게 물어봅니다.
흔들리면 소원이 더 간절해지지 않을까라고…….

소지에 적힌 글들은 답합니다.
원을 이루기 위해 흔들리자고…….

극락전의 임부 妊婦

초가을 극락전에서 만삭의 임부가 열심히 절을 하는 모습이 눈에 들어왔습니다.
겉모습만 보면 어떻게 절을 할까 하는 염려가 들었으나 이 보살님은 절을 곧잘 하셨습니다.
보살님은 삼배도 아니요 백팔배도 아니요 근 천배에 육박할 만큼 절을 많이 하셨습니다. 두 손을 이마에 대고 간절하게 관세음보살을 부르며 절을 했기에 체력 소모가 더했을 것이나 자세는 변함없었습니다.

사진을 찍은 후 보살님과 몇 마디 나눌 수 있는 기회가 닿았습니다.
"보살님, 그 배로 힘들지 않으세요?"라는 당연한 물음에 "절은 아이를 갖기 전부터 해오던 거라 어렵지 않아요"라고 대답하셨습니다. "배에 무리만 가지 않으면 오히려 아이에게 좋다고 그러던데요." 출산이 임박해도 절과 기도는 멈추지 않겠다는 의지의 표명이었습니다. 보살님의 얼굴을 찬찬히 보니 임부들에게 흔히 오는 부기가 전혀 보이지 않았습니다. 아마도 기도와 절의 덕이 아닌가 했습니다.
 보살님의 일상은 새벽 3시 즈음에 일어나 4시의 극락전 예불에 참가하는

것으로 시작한다고 합니다. 만약 4시 예불에 참가하지 못하면 오후 2시 예불에는 꼭 참가한다고 합니다. 졸음을 이기며 홀로 어두운 길을 한 시간 넘게 와 새벽 4시 예불에 참가하는 정성은 대단합니다.

뱃속의 아이와 남편을 위한 기도는 두 부처님을 위한 기도가 아닐까 합니다. 보살님의 기도가 이루어지고 어렵게 얻은 아이 또한 순산했으면 좋겠습니다.

영가靈駕를 위한 찻잔

세 개의 찻잔 중에 한 가운데 있는 찻잔은 영가의 잔입니다.
작은 찻잔에는 진녹색의 찻물이 그득 담겨 있습니다. 차담을 시작할 때 살아 있는 이들의 찻잔보다 먼저 채워졌습니다. 영가를 위한 배려입니다. 영가는 눈에 보이지 않지만 스님과 저의 차담에 자리를 잡고 있습니다.
스님의 찻잔과 제 찻잔은 쉴 새 없이 채움과 비움을 계속했지만 영가의 찻잔은 처음부터 끝까지 채워진 채로 있었습니다.

스님은 오래전부터 차를 마실 때 영가를 위한 차를 준비한다고 했습니다.
계기는 여쭤보지 않아서 모르겠으나 스님 말씀으로는 '혼자 마시면 심심해서'라는 것입니다.
언뜻 이해하기 힘든 설명에 입을 다물었습니다만 '심심'이라는 말에 만 가지의 의미가 들어 있음을 느낄 수 있었습니다. 스님의 심심함이 어찌 영가에 의해 해소될 수 있을까마는 세상을 떠난 영가를 위하는 그 마음에 고개를 끄덕이고 남음이 있었습니다.

육신이 생과 사를 구분하는 유일한 기준임에 안타까운 마음을 금할 수 없

습니다.
불과 며칠 전까지 살아 계셨던 어머님의 모습은 지금도 아른거리기만 합니다. 어머님의 극락왕생을 빌고 또 빌지만 어머님의 손을 붙잡고 싶은 마음은 어디에 비할 데 없습니다.
스님은 제 마음을 읽으셨는지 가운데 놓인 잔이 어머님 것이라고 위로해 주셨습니다. 어머님이 살아 계셔서 이 찻물의 농담을 평할 수 있다면 얼마나 좋을까 생각하며 어머님의 영혼을 위해 다시 한번 기도를 올렸습니다.

책상 앞 메모

스님의 말씀을 들으면서 가끔씩 눈길을 돌려 이 글귀를 봅니다.
'남의 허물은 나의 허물이다. 무주상 보시.'
무주상 보시(대상을 가리지 않고 보시를 한다는 뜻으로 『금강경』에 나오는 말씀이라고 합니다.)는 생소했지만 허물에 대한 말은 많이 듣던 글귀입니다.

메모는 스님의 책상 바로 앞 벽에 붙어 있었습니다.
온화한 모습의 스님이었지만 스님의 마음 상태를 볼 수 있는 메모였습니다. 구도의 여정旅程을 엿볼 수 있는 글귀라는 생각이 들었습니다. 문구의 의미로 봤을 때 도는 생활 속에서도 얻어질 수 있다는 것을 느끼게 했기에 온화함 속에 담겨 있는 그 치열함을 볼 수 있습니다.

마침 밖에는 비가 내리고 있었기에 방 안과 노출차가 크지 않아 초록이 그대로 살아났고 이는 사진을 은은하게 합니다.

인연

사진을 찍은 후 세 분의 관계를 물었습니다.
왼쪽 분이 중매를 섰다고 했습니다. 그제서야 이해가 됐습니다.
순전히 제 생각이지만 중매를 섰던 분과 아이 엄마의 기도는 감사의 기도가 아니었을까요. 사람의 만남과 행복한 가정 그리고 건강한 아이. 인연으로 묶여 있다는 느낌을 받았습니다.
중매를 잘하면 술이 석 잔이라고 하는데 왼쪽 분은 능히 대접받았을 것 같습니다.

아이도 함께 절을 했다면 더 좋은 그림이 나왔을 테지만 그건 제 욕심이었습니다.
길상사를 찍다보니 평범한 사람들의 '작은 행복'과 '감사'의 모습도 보게 됩니다.

한담 閑談

처음 보는 길상사 스님들의 한담입니다.

절에서는 묵언도 수행의 하나라 대부분의 스님들이 말을 아낍니다. 길상사 스님들 역시 마찬가지지만 이날 아침만은 달랐습니다. 아침 공양을 마친 주지스님과 객스님이 우연히 경내에서 마주쳤고 두 분은 먼저 비질을 하고 있던 스님을 보자 이심전심으로 비를 잡고 청소를 하기 시작했습니다. 수행과 운동을 겸하는 청소에 신이 나셨는지 두 스님은 간간이 말씀을 주고 받으셨습니다. 혹 선문답이 아닐까 궁금하기도 했지만 가까이 가면 분위기가 깨질 것 같아 멀리서 그 모습을 카메라에 담는 걸로 만족했습니다.

절에서 항상 근엄한 표정의 스님들만 봐서 답답했습니다. 스님들도 분명 인간인지라 정겨운 모습이 있을 거라고 기대했었는데 마침 그런 스님들의 단편을 찍게 되어 기분이 좋았습니다. 스님들에게도 역시 여유가 있었습니다. 보기 힘들었을 뿐입니다.

세 신도

일요 법회가 끝난 후 세 신도는 한적한 극락전의 창가에 자리를 잡았습니다. 열어 놓은 창문을 통해 가을 햇살이 극락전 안으로 들어오고 있습니다. 거사님은 이 햇살이 좋아 창가에 자리를 잡은 것 같습니다. 들어오는 햇살을 등에 받은 채 경을 읽는 표정이 여유롭습니다. 오른쪽의 두 보살님은 편한 복장으로 각자 절과 기도에 열심입니다.

평일 같으면 보기 힘든 광경이나 일요일이기에 운 좋게 봤던 풍경입니다.
자주 길상사에 오는 이분들은 간만에 절에 오는 신도들을 위해 부처님이 보이는 극락전의 한 가운데 자리를 양보하고, 자신들은 구석 자리에서 열심히 수행을 하고 계십니다.
세 신도의 마음이 자비심으로 가득 차 있기에 이렇게 고즈넉하고 아름다운 영상이 만들어졌나 봅니다.

넉넉한 풍경

두 스님은 전혀 바쁠 것 없어 보입니다.
예불시간이 코앞이라도 두 분은 이렇게 '여유롭게' 걸으실 것 같습니다.
일요일 이른 아침, 스님들이 경내 청소를 한 후 극락전 앞을 지나 어디론가 가고 있습니다. 앞뒤의 간격이 눈을 편안하게 할 정도의 거리입니다. 빗자루를 든 모습도 참 구성집니다.
뒤따라오는 스님은 청소가 약간 힘들었는지 비를 어깨에 메고 걸어가고 있습니다.
두 분이 같은 모습으로 빗자루를 들었다면 맛이 좀 떨어졌을 겁니다. 꼭 연출한 사진처럼 보이지만 연출은 아닙니다.
스님의 예상 진로를 가늠했다가 '재빨리' 찍은 사진입니다.

도심에서 이런 넉넉한 모습을 보기란 쉬운 일이 아닙니다. 극락전의 아담한 모습과 흐린 하늘 그리고 그 앞을 유유자적하듯이 걸어가는 두 스님. 제 눈에는 한없이 여유로운 풍경으로 보입니다. 마치 푸근한 미소의 관세음보살님을 보고 있는 듯합니다. 한국의 구수한 정서가 절집에서도 어렴풋이 보입니다.

가지런한 비질 자국이 나 있는 경내를 보면 마음이 정돈됩니다. 먼저 찍힌 발자국들에서는 조신함도 보입니다. 아무 생각 없이 밟을 수는 없습니다. 나를 돌아보는 그 신중한 발자국들은 스님들의 노고 덕택에 만들어진 것입니다.

어느 날 새벽이든 청소는 할 것입니다.
넉넉한 풍경에 마음이 끌리신다면 경내 청소 자원봉사라도 하시는 게 어떨까 합니다.

맞절

이 모습을 카메라 모니터에서 확인한 후 땅을 쳤습니다.
'조금 일찍 밥을 먹을걸······. 물을 먹지 말고 그냥 나올걸······. 주지스님과 보살님이 얘기할 때 빨리 계단을 내려와 자리를 잡을걸······. 왜 코스모스는 때맞춰 흔들려 할머니 얼굴을 가린 거야' 등등. 절호의 장면을 놓친 욕심쟁이의 한탄이었습니다.

하지만 이 사진은 살아났습니다.
기술적인 결함이 많았기에 버려졌지만 사진이 주는 뉘앙스가 아름답기 때문에 빛을 본 것입니다. 처음 이 사진을 본 후 핀트도 안 맞고 코스모스가 할머니의 얼굴을 가려서, 아쉽지만 포기할 작정이었습니다.
그러나 며칠이 지난 후 불과 1~2초밖에 보지 않았던 사진의 잔영이 자꾸 뇌리에 떠오르는 것이었습니다. 등이 불편해 보이는 늙은 보살님이 주지스님께 온몸을 던져 바치는 예禮와 그것을 받아들이는 스님의 자애로운 모습 때문이었습니다.

불법승佛法僧 3보의 하나인 스님을 여든은 되어 보이는 노인이 극진히 공경

하는 모습에서 경전의 가르침을 넘어선 그 무엇을 봅니다. 사진에 드라마가 있다면 바로 이것이 감동을 주는 드라마가 아닐까요.
신문 사진에서 뉴스밸류가 모든 것에 우선한다면 제가 찍는 길상사 사진에서는 인간의 내면에 있는 '부처의 모습'이 최우선입니다.
저는 스님과 보살님의 맞절에서 부처의 아름다운 모습이 두 분을 통해 보여졌다고 느꼈습니다.

법정스님

이렇게 가까운 거리에서 법정스님을 뵙는 게 신도들은 너무 좋은 모양입니다. 온통 즐거운 표정입니다.
게다가 누군가 재밌는 말을 했는지 스님 얼굴에도 미소가 번졌습니다. 스님의 쉬운 법문만큼이나 편안한 얼굴입니다.

미소와 웃음이 인간다움을 가장 잘 표현하는 것 중의 하나라고 생각합니다. 그것은 또한 사람의 마음속에 있는 불성이 아닐까 합니다.
고승이신 법정스님이 보여주신 푸근한 미소와 인간다움에 고마움을 느꼈습니다. '종교는 결국 남을 향한 자비심이구나'라는 스님의 깨달음이 더욱 가슴에 와 닿는 순간이었습니다.

길상사 사진을 찍으면서 법정스님과의 인연을 바랐지만 마음속에 품은 '욕심'으로 끝나리라 생각했습니다. '욕심'은 스님의 인간다움이 묻어나는 표정을 카메라에 담는 것입니다.
스님이 길상사에 오는 날이 드물고 온다 해도 스님을 뵙는 게 어려울 뿐 아니라 법정스님 같은 고승께서 쉽게 인간적인 모습을 드러내지 않을 거

라는 생각 때문이었습니다.

스님의 미소를 보면서 제 생각이 틀렸음을 깨달아, 머쓱한 마음을 지울 수 없습니다. 이제 '욕심'을 채울 수 있다는 생각이 듭니다.

연등 찾기

보살님이 드디어 연등을 찾은 모양입니다.
연등을 찾지 못해 지루함과 짜증이 섞였던 얼굴은 연등을 발견하자 환히 밝아졌습니다. 아침 일찍 절에 와 고개가 아플 정도로 연등을 찾던 보살님이 마침내 자신의 이름이 적힌 연등을 보고 미소를 짓는 모습이 보기 좋았습니다.

수천 개나 걸려 있는 연등 중에서 자신의 소원이 적힌 연등을 찾았을 땐 마치 관세음보살님을 만난 양 기쁠 것입니다. 저 또한 그 기쁨을 누리기 위해 몇 번이나 발품을 팔았지만 고개만 아플 뿐이었습니다.
보살님의 미소에 기뻤던 이유가 또 하나 있습니다.
연등을 찾은 후 불자들이 짓는 '염화미소'를 잡는 데 실패한 아쉬움을 보살님의 미소로 보상 받았기 때문입니다. 만약 보살님이 연등을 찾지 못해 되돌아섰다면 아름다운 미소를 세상에 알리기 힘들었을 테니까요.

길상사에서 만나는 풍경 중 가장 마음을 끄는 것이 인간다운 표정들입니다. 그 천진난만과 보통의 몸짓 속에 우리가 그토록 갈망하는 부처의 모습이

숨어 있지 않을까요. 외람되지만 그것을 통해 피안은 바로 차안 속에 있음을 보여주고 싶습니다.

법당의 아침

넉넉한 가을의 모습입니다.
결실의 계절인 가을에는 사람의 모습도 푸근해지나 봅니다.
볕도 여름처럼 강하지 않습니다. 기분이 적당히 좋아지는 가을 햇볕입니다. 보살님은 그 볕을 받으며 경을 읽고 있습니다.

가을의 문턱에 들어선 일요일 오전 극락전의 풍경입니다.
보살님이 앉아계신 그곳에서는 부처님이 잘 보이질 않습니다. 하여 조금 편안하게 앉으셨나 봅니다. 좌복도 두 개를 겹쳤기에 어느 소파보다 편안할 듯합니다.

가을로 들어서니 극락전의 풍경 또한 변하고 있습니다.
처음에는 정말 300여 장의 사진을 찍을 수 있을까 노심초사했는데, 이렇게 새로운 모습을 보여주는 부처님의 배려에 그저 고개 숙여 감사드릴 따름입니다.

합장한 손

수많은 손들이 합장을 합니다.
그중의 한 손입니다. 열 손가락 모두가 휘고 비틀어져 단 한 개도 성한 손가락이 없습니다. 왼손과 오른손의 엄지는 붙기가 힘든 모양입니다. 두 손가락은 서로 엇갈려 브이 자 모양을 하고 있습니다.

이런 손이 부처님을 향해 스님을 향해 합장을 하고 있습니다.
곱게 다듬어진 손톱과 보일 듯 말 듯 칠해진 분홍색 매니큐어는 움푹 들어간 손등과는 다릅니다. 꺼칠해진 피부와 주름은 수십 년간 세파를 견뎌온 보살님의 생의 한 단면입니다.

손목에 보일 듯 말 듯 걸려 있는 염주는 휘어진 손을 지켜주고 있습니다.

돌절구 속의 단풍

대야만한 돌절구 안에 길상사의 단풍이 다 들어왔습니다.
둔하고 우직한 모습이라 화려함과는 거리가 멀지만, 돌절구는 안성맞춤으로 단풍을 담아냈습니다. 돌절구는 여름 내내 연뿌리를 품고 있다가 소담스런 연꽃을 피워내더니, 가을이 되자 이렇게 아름다운 만추의 모습을 보여줍니다.
물에 비친 하늘과 단풍은 실제의 그것과 어울려 훨씬 더 아름답습니다. 길상사 단풍의 진가는 돌절구 속에 있었습니다.

돌절구는 넘침도 모자람도 없이 있는 그대로를 담아냈습니다.
왼쪽에서 보면 범종각이 보이고 오른쪽에서 보면 설법전이 보이며 반대쪽에서 보면 극락전이 보입니다. 무심코 지나치면 돌절구 속의 낙엽 몇 개만을 보나 무릎을 꿇고 가까이 보면 '우리세상'이 담겨 있습니다.
있는 그대로 보기에도 많은 노력이 필요하듯 돌절구 속에 담겨 있는 '것'들을 보는 데에도 시간이 걸렸습니다.
돌절구의 제자리는 농가 한 켠임에 분명하나 세상을 담는 거울로서 절집에 있는 것도 그럴 듯하다는 생각을 해봅니다.

고요한 포행

살짝 숙인 고개, 출렁이는 염주, 적당한 보폭…… 보살님의 극락전 포행입니다.
오후 4시경 극락전에 쏟아지는 햇빛은 보살님의 포행을 실루엣으로만 보여줍니다. 실루엣이 고요한 포행의 분위기와 어울립니다. 포행거리는 좌복을 사이에 두고 너댓 걸음 정도로 짧습니다.

참선 중의 포행도 있지만 절 중간에 하는 포행도 있습니다.
보살님의 포행은 절을 멈춘 채 하는 휴식입니다. 몇백 배의 절을 올린 보살님은 굳은 팔다리를 풀기 위해 경내 산책 대신 극락전 안에서 조용히 걷는 것으로 대신했습니다. 추운 바깥 날씨 탓인 듯합니다.

경험한 바로는 부처님이 모셔진 법당 안에서 모든 것은 다 만족스럽습니다. 절과 참선 기도를 그 어느 곳보다 집중하여 할 수 있고 마음은 평온하기 이를 데 없습니다. 보살님만큼 많은 절(하루 삼천배씩)을 하지 않았기에 극락전 안에서의 포행이 어떤 맛인지는 모르겠지만 정진 후의 그 여유와 아름다움을 보살님의 모습에서 엿볼 수 있었습니다.

기품

극락전 앞에 서 있는 고목과 견주어도 손색없는 기품 있는 사람을 찍을 수 있기를 바랐습니다. 그 사람을 통해 법당과 나무는 물론이고 길상사의 아름다움과 의미가 더 빛날 수 있으며 저를 되돌아볼 수 있는 계기를 만들 수 있다는 생각 때문이었습니다. 지난 몇 달 동안 마음속에 품었던 바람이었지만 제가 원하는 완벽한 그림은 쉽사리 나오지 않았습니다.

여름엔 무성한 나뭇잎의 그림자가 극락전 벽에 드리워져 화면이 어수선했습니다. 늦가을이 되자 외적인 조건은 그런대로 갖춰졌습니다. 기온이 떨어졌기에 극락전의 문들은 닫혔고 법당 앞의 나무는 나목이 돼 더 이상 나뭇잎이 화면에 지장을 주지 않았습니다.
문제는 사람이었습니다. 어느 분의 몸짓이 제 바람을 채울 수 있을까 궁금했는데, 가을에서 겨울로 넘어가는 어느 일요일 주인공이 나타났습니다.

멀리서 본 스님은 가까이서 뵐 때와 비교해도 한결같았습니다.
겸손함, 경건함, 신중함이 멀리서도 변함없습니다. 스님은 늦은 공양에 발걸음을 서두를 법도 한데 참선을 하듯 깊은 눈길로 앞을 바라보며 걷습니

다. 그래서 더 놀라웠습니다. 스님의 모습은 구도의 길을 떠나는 몸짓과 다를 바 없었습니다.
길상사의 아름다움과 의미는 외적인 것과 더불어 내적인 것들이 더해져 더 깊어만 갑니다.

내가 찍는 것들

평범한 것들에 눈길이 갑니다. 주위와 자신을 있는 듯 없는 듯 드러내며 조화를 이루고 있는 평범한 사람과 물건을 다시 한번 쳐다보며 그 미美를 감상합니다. 길상사는 평범한 절이고 평범한 사람들이 찾아옵니다. 저 또한 평범한 사람입니다.

도량석으로 시작해 저녁 예불을 끝으로 길상사의 일상은 끝납니다. 특별한 날 며칠을 제외하면 꼭 같은 일들이 벌어집니다. 무념인 채 스님들은 예불을 올리고 독경을 하며 포행을 합니다. 꾸밀 마음도 없고 꾸밀 재간도 없으며 꾸민다고 달라질 것도 없습니다. 온전히 부처님께 자신을 바친 스님들의 모습은 평범 그 자체입니다. 그러기에 '뭐 찍을 게 있다고 사진을 찍느냐'는 말씀들을 하십니다. 불자들 또한 마찬가지입니다. 항상 하던 대로 절하고 향을 사르며 참선을 합니다. 우러난 마음으로 봉사를 하기도 합니다. 누가 있건 없건 절에 와서 하는 일들은 그들에게는 '일상'입니다. 그대로의 모습을 찍으며 느끼는 것만도 충분하니 더할 게 아무것도 없습니다. 연출을 하지 않는 가장 큰 이유입니다.

벌거벗는다고 인간이 자연스럽지는 않습니다.
자신의 한계를 인정한 채 부처님께 오롯이 온몸을 바치는 행동이 더 사람답고 자연스럽습니다. 설사 절 밖에서는 이러저러한 이유로 여러 가지를 걸쳤다지만 대자대비하신 부처님 앞에 서면 모두 필요 없는 것들입니다. 부처님 앞에서 치장은 오히려 자신을 되돌아보는 데 걸림돌만 될 뿐입니다. 속박에서 벗어나니 본연의 모습이 나올 수밖에 없습니다. 이런 모습을 찍고 있습니다.

보살님의 절 또한 평범합니다.
부처님께 지극 정성으로 절을 올리는 모습에서 보통의 인간을 봅니다. 보통의 모습은 아름답습니다.

기와불사

엄마와 아이가 한마음으로 기와불사를 하고 있습니다.
글씨는 엄마 혼자 쓰지만 두 사람이 같이 쓰는 거나 마찬가지입니다. 뚫어 져라 붓 끝을 보는 아이의 표정은 흥미진진 그 자체입니다. 장난기가 얼굴에 가득함에도 바라만 보고 있는 걸 보면 아직 붓글씨에는 자신이 없나 봅니다.

모자가 나누는 대화를 듣지 못했기에 상상만 할 수 있는데 그 상상이 유쾌합니다. 엄마는 기와에 이름을 쓰는 이유를 설명했을 것이고 아이는 누구 이름을 쓸까 궁리했을 것입니다. 모자지간에 머리를 맞대고 있는 그 시간은 즐겁기만 합니다. 아이가 고집을 피웠는지 기와는 글씨로 꽉 찹니다. 이름뿐 아니라 영어학원 이름도 있고 '삼촌'이라는 글자도 보입니다. 모두 아이가 좋아하는 사람들인가 봅니다.

순진무구한 마음은 부처님께 닿을 것입니다.
아이의 마음이 새겨진 기와가 법당에 올려지면 그 속에 있던 분들 또한 부처님의 자비를 흠뻑 받을 것 같습니다.

아비의 기도

아비가 기도를 합니다.
아비는 한 여자의 남편이고 두 아이의 아버지입니다. 멋모르는 딸아이는 의자에 앉아 제 할 일에 열심이고 젖먹이를 안은 아내는 남편을 바라봅니다. 아내의 눈에는 남편이 한가득 들어옵니다. 남편의 기도는 아내의 마음에 이심전심으로 전해졌을 것입니다.

어디서 많이 보았던…… 그게 전생이었는지 전전생인지 몰라도 뇌리 저편에 남아 있는 풍경 같습니다.

가족은 인연으로 묶여 있습니다.

선방

재가불자들의 수행처 길상선원입니다.
선원은 고즈넉합니다. 선과 고요는 떼려야 뗄 수 없습니다. 도심 한복판의 절 속에 있는 길상선원은 하루 종일 고요하기만 합니다. 이른 아침 넓은 선방에 보살님이 혼자 앉아 있습니다. 고요는 적막에까지 이릅니다.

선방은 절의 가장 깊숙한 곳에 있어서 앉아 있으면 바람 소리조차 귀에 걸리는 곳입니다.
이 방의 유일한 장식물은 벽에 걸려 있는 선화입니다. 선화 속의 인물과 보살님은 닮아 보입니다.

셔터 소리가 온 방 안을 울립니다. 문 앞에서 찍기 시작해 내친김에 보살님 근처까지 갑니다. 정적을 깨트린 무안함을 아는지 모르는지 보살님은 삼매 그대로입니다.

닮은꼴

셔츠에 청바지 그리고 절하는 모습까지 부자는 닮았습니다.
얼굴은 기억에 없어 잘 모르겠으나 미루어 짐작하건데 '국화빵'일 것 같습니다. 어디 얼굴뿐이겠습니까. 심성 또한 닮았겠지요.

전생에 인연이 어땠는지는 모르나 부자는 세세世世에 걸쳐 두터운 인연을 쌓았나 봅니다.
아들과 아비로 만나 부처님 전에 같은 모습으로 절을 올리니 말입니다.

오래전부터 '인연'을 믿었습니다.
그 인연 때문에 길상사에 드나들고 사진까지 찍고 있는지 모르겠습니다.
가끔씩 절에서 보는 정겨운 모습들은 제 생각이 틀리지 않음을 각인시켜 줍니다.

할머니의 기도

노 보살님이라기보다 할머니라고 부르고 싶습니다.
꼬마가 부르는 할머니와 마흔이 넘은 제가 부르는 할머니는 다릅니다. 저와 같은 세대들의 할머니는 자식과 자손들을 위해 모든 것을 바치며 세상을 헤쳐 온 '흉내 내기 힘든 삶을 산 위인'입니다. 아버지 어머니의 인고는 어쩌면 그분들의 어머니인 할머니의 삶에서 비롯됐을지도 모를 일입니다.

등 굽어 법당에 앉아 기도를 올리는 이분도 위인입니다.
법당에서도 당신은 한 뼘 뒤입니다. 앞에는 언제나 그랬듯이 자식들이 있습니다. 부처님께 올리는 원도 당신보다는 자식들 것이 더 중요합니다.

관세음보살님께서 이 땅의 할머니들이 발원한 것들을 다 받아주셨으면 좋겠습니다.
등 굽고 허리 굽고 백발이 성성한 할머니들께 부처님의 선물이 전해져 그 기쁨에 나오는 웃음으로 당신들의 생을 감사했으면 합니다.

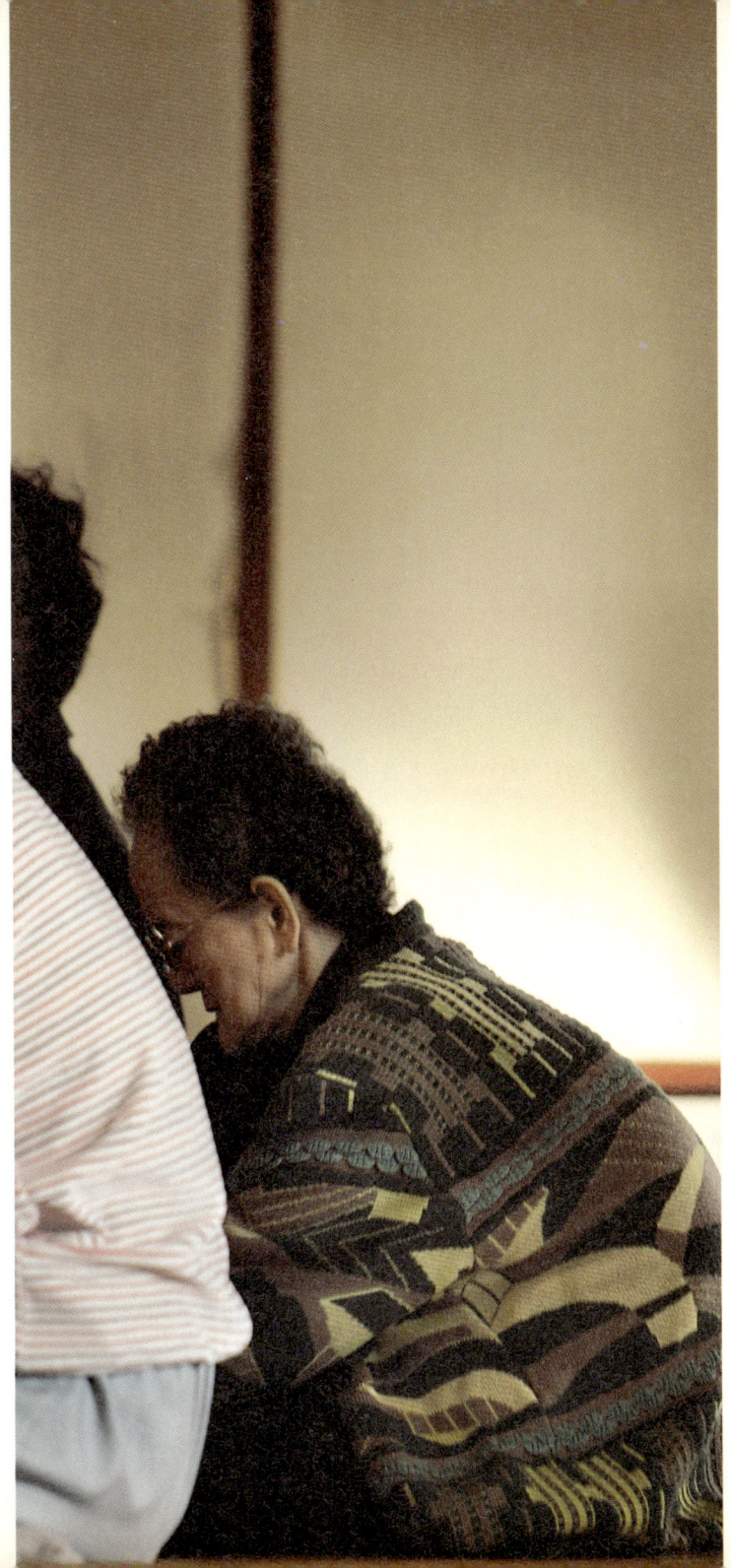

# 3

함께 살아간다는 것

내가 너무 커버려서 맑지 못한 것 밝지 못한 것 바르지 못한 것. 누구보다 내 마음이 먼저 알고 나에게 충고하네요. 자연스럽지 못한 것은 다 욕심이에요. 거룩한 소임에도 이기심을 버려야 순결해진답니다.

문

수녀님이 녹음으로 향하고 있습니다. 녹음은 수녀님을 포근히 품을 듯합니다. 수녀님이 쓴 흰 수건 때문에 녹음은 녹음대로 수녀님은 수녀님대로 눈에 띕니다.

녹음은 자연입니다. 자연은 또한 스님들을 품고 있습니다. 스님들은 저 나무 아래를 지나 하루에도 몇 번씩이나 법당을 왕래합니다. 붉은 가사를 걸치고 스님이 나온다 하더라도 역시 어울릴 것입니다.

수녀님이 문을 향해 가는 것을 어울림 이상이라고 여겼습니다. 스님과 수녀님이 택한 '문'은 다를지라도 그 문은 진리로 향하는 같은 문이라는 생각이 들었습니다. 향하는 길이 다를지라도 문 너머에 있는 진리는 오직 하나이기 때문입니다.

절에 온 수녀님들

길상사는 종교 화합의 장입니다.
천주교 신자가 만든 관음석상이 겉으로 보이는 화합의 상징이라면 타 종교의 성직자들과 스님들과의 교류는 잘 들어나지 않는 '내면의 화합'이라 할 만합니다.

부활절을 하루 앞둔 날 수녀님들이 길상사를 방문하셨습니다. 정성 드려 만든 부활절 달걀을 들고 오신 수녀님들은 길상사를 잘 아는 분들입니다. 길상사에서 멀지 않은 성가정 입양원에 계시기 때문입니다.
수녀님들을 맞이하는 스님은 마침 행지실 앞의 낙엽을 쓸고 있었기에 곧바로 응대하지 못하는 미안함을 미소로 감추며 청소를 마무리합니다. 수녀님들은 스님이 비록 청소를 하고 있지만 문 밖까지 마중 나온 게 좋았던지 고마움과 반가움이 섞인 환한 미소를 보냅니다.

수녀님들이 들고 오신 부활 달걀은 정중하게 스님께 전해졌고, 스님은 합장과 절로 수녀님들의 선물에 감사함을 전했습니다. 수녀님들은 오신 김에 스님들의 식생활에 대해 배웠습니다. 지금까지는 스님들이 계란을 안

먹는 걸로 알았으나 무정란(無精卵 암탉이 교미하지 않고 낳은 알로 병아리로 부화하지 않는다.)은 먹는다는 걸 스님으로부터 전해 들었습니다. 방문과 만남은 서로의 존재를 인정해 주고 몰랐던 것에 대해 알게 해줍니다. 길상사에서도 예외는 아니었습니다.
종교의 차이가 전쟁을 부르기도 하지만 길상사에서 그것은 따뜻한 마음과 정을 나누는 다리입니다.

욕심 많은 비둘기

비둘기가 공양미를 먹고 있습니다.
신도들이 관음석상에 공양미를 올린 후 봉지를 열어 놓고 예불에 참석하자 비둘기는 '이때다' 싶었던 모양입니다. 비둘기도 나름대로 꾀가 있기에 공양미 봉투가 열렸을 때 먹지 않으면 경비 거사님이 공양미를 회수해 간다는 걸 압니다. 겨우내 먹이가 그리웠던 비둘기인지라 간만에 열린 공양미 봉투는 지나치기 힘든 유혹이 아닐 수 없습니다.

이 비둘기는 욕심 많은 놈입니다.
아마도 길상사에 사는 비둘기 중에서 제일 힘이 센 놈 같습니다. 이놈은 공양미를 독식했습니다. 먼저 두 마리의 비둘기가 공양미를 먹고 있자 힘과 부리로 밀어냅니다. 근처에 올라치면 먹다 말고 비둘기들을 쫓아냅니다. 먹이가 앞에 있으니 눈에 보이는 게 없나 봅니다.
다른 데도 아닌 관세음보살님 밑에서 그런 행동을 하자 비둘기가 미워졌고, 겨울 초입 애타게 공양미 봉투를 쪼아대던 비둘기를 보고 느꼈던 애상함도 사라졌습니다.

평화와 화해의 상징인 비둘기들에게도 약육강식의 힘의 논리가 지배한다니 씁쓸했습니다. 조금 전에 공양미를 먹었던 참새들은 우르르 모여서 사이좋게 먹었는데…….

책 제목이기도 한 '혼자만 잘살면 무슨 재민겨'는 사람에게만 적용되는 말이 아닌가 봅니다. 사람이건 동물이건 간에 같이 잘 살려는 모습은 혼자만 살겠다고 발버둥 치는 것보다 훨씬 보기 좋습니다.

길상사 화단

극락전 뒤 화단에서 본 수선화입니다.
봄의 길상사 화단에서 먼저 눈에 띄는 것은 꽃입니다.
수선화는 화려한 꽃을 피웠기에 눈에 띄지만 화단에는 꽃보다 더한 생명력을 가진 것들이 많이 숨어 있습니다. 화단을 자세히 들여다보면 여기저기 싹을 틔운 작은 생명들이 보입니다.
제가 그네들을 품고 있는 흙이었다면 싹을 틔우려는 몸짓에 간지러웠을 것입니다.

어느새 길상사의 색이 변하고 있습니다.
늦추위에 몸을 웅크렸지만 땅에서는 봄의 다양한 색깔을 잉태해 세상에 내놓고 있습니다.

직박구리

직박구리도 봄이 오길 기다렸나 봅니다.
행지실 마당에 만개한 청매화 속에서 직박구리는 봄과 매화를 만끽하고 있습니다. 행지실 주위를 감쌌던 향기의 근원지를 찾아냈음을 기뻐하는 양 녀석은 매화꽃을 부리로 따 먹습니다. 사진에는 보이지 않지만 직박구리의 짝은 출입문 옆 매화나무에서 역시 매화를 즐기고 있습니다.

봄이 주는 것들을 사람만이 느끼는 게 아니란 걸 알았습니다.
더욱이 얼마 전 매화차 향기에 취했었기에 직박구리 또한 저처럼 매화를 즐기고 있음을 보고 동류의식까지 느껴집니다. 직박구리가 스님이 거주하는 곳의 매화나무에 앉아 있었기에 녀석은 혹 전생에 불가와 인연이 있거나 매화의 풍류를 아는 놈일지도 모른다는 생각을 했습니다.
행지실 마당의 문을 열자 녀석은 곧바로 날아갔습니다.
저는 녀석을 주지스님과 함께 찍으려 했던 것인데 녀석은 스님의 매화를 따 먹었는지라 미안했던 것 같습니다.
녀석의 모습을 못 잊어 그 후로도 몇 번이나 행지실을 기웃거렸지만 인연이 닿질 않았습니다.

걸레질

잔칫날은 이래저래 바쁩니다.
법정스님이 참석하시는 봄, 가을 정기법회 때는 길상사 일대가 교통체증을 겪을 정도로 신도들이 많이 오기 때문에, 길상사 4부대중 모두가 분주히 움직입니다. 손님맞이란 말로만 되는 게 아니기에 그렇습니다. 스님은 스님대로 불자는 불자대로 각자 맡은 일을 빨리 조용히 해 나갑니다.

스님들이 신도들이 앉을 의자를 닦고 있습니다. 전날 닦았지만 그 사이에 먼지가 앉았기에 한 번 더 닦는 것입니다. 스님들은 의자 뒤를 신경 써 닦았습니다. 의자 뒤가 더러우면 앉을 자리도 더러운 게 아닌가 하는 께름칙한 생각이 든다는 걸 아시기에 하는 걸레질입니다.

스님들의 걸레질에는 어디 그 마음만 있었겠습니까.
의자에 앉아 법문을 듣는 중생이 성불에 한 발짝 더 다가간다면 스님들은 걸레보다 더한 것도 잡을 것입니다. 걸레질은 중생으로 향하는 스님들의 하심이었습니다.

연등 옷

외람되게도 극락전 지붕에 올라가 찍었습니다.
불상이 모셔져 있는 법당 지붕에 올라갈 엄두를 내질 못했으나 주지스님의 배려 때문에 가능했습니다. 성큼성큼 올라가시는 스님 뒤를 조심조심 따라갔습니다.

땅 밑에서 본 연등과 지붕에서 본 연등은 참 많이 달랐습니다.
연등이 만들어낸 것은 연등만큼이나 아름다웠습니다. 극락전의 지붕과 길상사의 나무들이 연등과 어울려 만들어낸 풍경은 이해하기 쉬운 설치 작품과 같았습니다. 민복의 윗저고리가 떠오릅니다.

마치 품이 넉넉한 옷처럼 보이지 않으십니까.
자비의 정신이 스며 있는 연등 수천 개가 만든 옷입니다. 나무에 걸려 있는 연등은 '이 옷'을 더 부각시켜 줍니다. 멀리 보이는 동소문 성벽의 가로등은 검정 배경을 완화해 주는 훌륭한 양념입니다.

웃음

맑고 밝은 웃음입니다.
절 한복판에서 보는 수녀님의 웃음에 향기가 느껴집니다.
웃음 속에는 수녀님의 진실된 마음이 담겨 있는 것 같습니다. 환갑에 가까운 수녀님은 소녀의 웃음을 가졌습니다. 세월은 수녀님의 머리에 눈을 내렸지만 주님을 향한 마음만은 아직 열정에 차 있고 첫사랑의 상대를 만나는 듯 마냥 설레는가 봅니다. 웃음 속에는 풋풋함이 담겨 있습니다. 가지런한 치아와 눈웃음에는 꾸밈이 없어 더 좋습니다.

수녀님이 스님과 정담을 나눌 땐 적지 않은 사람들이 있었으나 수녀님은 개의치 않았습니다. 마치 꼭 맞는 옷을 입고 일을 하듯 어색함이 없었습니다. 수녀님은 스님과 경내를 거닐며 집요하게 따라붙는 카메라를 이리저리 피하면서 웃고 미소 지으며 얘기를 나누었습니다.
수녀님 머리 위의 극락전 세 글자는 부처님 미소로 보입니다. 두 구도자가 정담을 나눌 때 석양빛은 은은했습니다. 마음과 마음을 열고 나누는 대화가 좀더 오랫동안 계속 되도록 부처님이 주신 선물 같았습니다. 부처님은 극락전에서 미소와 함께 이들을 바라보셨습니다.

참회의 절

엎드리고 엎드립니다.
부처님 전에 엎드립니다.

죽비 한 번에 절 한 번입니다.
죽비는 관음보살의 천수입니다.

참회의 절은 끝이 없습니다.
극락전의 백팔배는 겁의 세월을 아우릅니다.

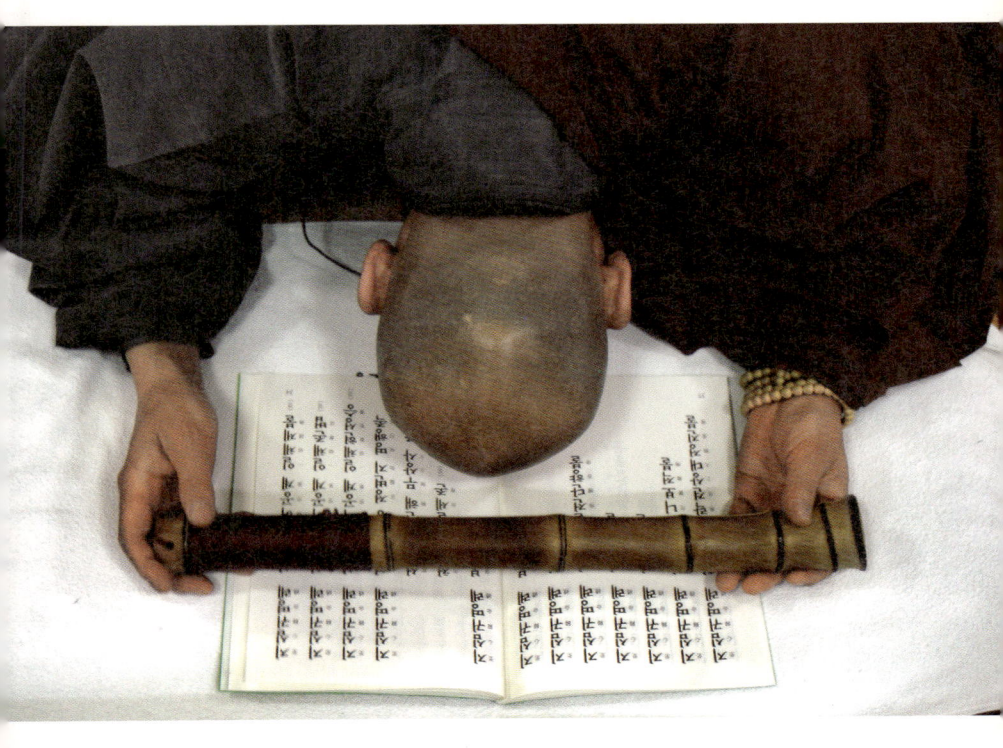

점안

점안식의 절정입니다.

스님이 붓을 들어 지장보살상에 점안을 했기에 이제 보살상은 성물聖物이 되었습니다. 1년 여에 걸친 길상사 4부대중의 노력이 결실을 맺는 순간이기도 합니다.

절정은 스님의 결연한 표정과 붓 끝에 나타납니다. 먹물이 살짝 묻혀져 있는 붓은 스님의 성정만큼이나 깔끔하게 보입니다. 스님과 수천의 불자들의 합해진 마음은 불상에 직접 점을 찍는 것 이상입니다.

이 사진을 찍기 위해 저는 스님께 '낯 두꺼운' 행동을 했습니다.

스님의 모습을 찍기 위해 아주 가까이 간 것입니다. 아마도 이런 기회는 다시 오지 않을 것입니다. 경건한 점안식인지라 몸가짐을 가볍게 할 수 없음을 알기에 스님 앞에 바짝 다가간 제 모습이 불손하게 비치지 않을까 염려했습니다.

점안식이 열리기 전 스님께서 붓을 들어 점안을 한다는 걸 알았습니다. 너무도 찍고 싶었습니다. 처음 보는 광경이었고 이 광경이야말로 점안식의 정수라고 여겼기 때문이었습니다. 그랬기에 와이드 렌즈를 들고 스님 앞

에 바짝 다가갔습니다. 만약 스님이 제게 눈길을 한 번이라도 줬더라면 저는 이 사진을 찍지 못했을 것입니다.

스님이 붓을 들고 계시는 동안 염불 소리는 '풍악 소리'처럼 들렸습니다. 염불하시는 스님의 구성진 염불에 요령과 목탁 소리가 더해져 판소리의 한 대목을 듣는 듯했습니다. 그 풍악은 수십 번 철컥거린 셔터 소리를 막아주었습니다. 맘 놓고 사진을 찍을 수 있었기에 염불이 풍악으로 들렸나 봅니다.
그 소리 속에서도 저는 땀을 뻘뻘 흘렸습니다. 스님의 숙연한 모습을 방해하지 않기 위해 긴장했고 역광인 상태에서 스님 눈에 핀트를 맞춰야 했기 때문입니다.

행사 전부터 이 장면을 노렸기에 다른 것은 신경을 쓰지 못했습니다. 심하게 말하면 한 장만을 건진 셈인데 다시는 볼 수 없는 법정스님의 엄숙한 모습을 담았기에 아쉬움을 접기로 했습니다.

발足과 인연

발을 자주 찍게 됩니다.

발과의 인연을 찾자면 어렸을 적 운동화 때문에 가슴 졸였던 기억이 있습니다. 못살지도 않았던 집의 장남이었는데 선친先親은 무조건 검정 고무신을 신고 학교에 가라고 하셨습니다. 하루에 한 번 꼭 있는 운동장 조회 때 고무신이 신기 싫어서 으식딱딱하게도 친구의 폼 나는 운동화를 신고 나갔던 적도 있습니다. 신발을 잃어버린 친구는 울고불고 하다가 자기 신발을 신고 있는 저를 발견하곤 '내 신발 내놔'하고 악을 썼습니다. 그럼에도 저는 몇 번이나 친구들의 운동화를 몰래 신어보곤 했습니다.

같은 학교 선생님이셨던 선비先妣께서는 그런 제가 안됐던지 '스파이크'를 선친 몰래 사주셨습니다. 천으로 만든 운동화였는데 신발 끈을 매야 하는 운동화였습니다. 초등학교 2학년 어느 날, 출근하는 선친 옆에서 운동화 끈을 제대로 매지 못해 저는 선친께 맞았고 선비 또한 여러 소리를 들었습니다. 초등학교에 들어 간 후 1년 만에 얻었던 운동화인지라 기를 쓰고 끈 매는 것을 배웠습니다. 방과 후 신발을 안고 끈이 안 풀어질 때까지 여러 번 연습을 했습니다. 검정 고무신을 다시 신지 않기 위함이었습니다.

운동화를 사기 전 멀쩡했던 검정 고무신은 몇 년이 가도 그대로였습니다. 보기 싫어 어디다 버릴까도 했지만 그럴 용기는 없었습니다. 검정 고무신은 비 오는 날에만 신었습니다. 운동화는 젖으면 안 되는 소중한 것이었기에 비 오는 날 신지 않는 것은 당연한 일이었습니다. 물에 젖은 발이 고무신 속에서 미끌어지던 기억이 지금도 납니다.

30년도 훨씬 지난 지금은 고무신이 싫어 보이지 않습니다.
스님이 고무신을 신고 있는 걸 보면 오히려 맘이 편해집니다. 나중에 안 일이지만 불교에서는 발이 중요하다고 합니다. 부처님이 45년간 맨발로 중생을 제도하셨고 열반 직후 슬피 우는 제자들에게 발을 내밀어 보였듯 불가에서는 발이 수행과 정진, 깨달음의 상징입니다. 불교를 받아들이고 매일같이 사진공양을 하는 제게 신발에 얽힌 추억은 인연으로 변해 가끔 발 사진을 찍는 것 같습니다.
아이 때 원수처럼 보였던 고무신들은 오간데 없고 남은 건 그것으로 인한 관계가 주는 애잔함과 감사함뿐입니다. 인연으로밖에 설명할 수 없습니다.

종두소임을 맡은 스님이 타종 후 종을 한 바퀴 돌고 있습니다. 범종 밑으로 보이는 발이 눈길을 끌었습니다. 인연 때문인지 발이 눈에 들어와 사진을 찍었습니다.

인연

법당 문고리에 매달려 있는 기다란 줄 그림자가 스님이 벗어놓은 흰 고무신에 닿았습니다. 바람이 심하게 부는 날 닫혀 있는 극락전 주위를 서성이다가 마주한 풍경입니다.
긴 줄은 고무신에 닿기도 하고 그 위를 춤추듯 날아다니기도 합니다. 이런 풍경을 보며 '법당, 문고리, 줄, 신발'로 이어지는 생각과 함께 자연스럽게 인연을 떠올렸습니다.

모두 인연으로 묶어져 있다는 느낌을 받았고 저 또한 그 인연 속에 있다는 생각을 했습니다. 스님의 신발에 닿은 그림자는 부처님과 스님과의 인연을 말해 주는 듯했고 바람 속에서 그림자가 신발에 닿는 모습을 포착하려고 노력했던 저 역시 부처님과 연이 닿아 있다고 여겼습니다. 잘 이용하지 않는 극락전 가운데 문을 통해 법당에 들어섰던 스님이셨고 여간해선 풀러놓지 않는 문고리용 줄이 바람 때문에 스님 신발에 닿아 서성이던 제 눈에 띈 것입니다. 우연이라고도 말할 수 있으나 저는 '인연'으로 생각하고 싶습니다.

길상사에 오기 전 타 종교에서 세례를 3번씩이나 받았고 인생사의 중요한 일들을 성당과 교회에서 치렀던 제가 지금은 매일 부처님 전에 엎드려 절을 합니다. 길상사는 집에서 10분 거리에 있지만 '절을 하러' 길상사에 오기까지는 7년이 걸렸습니다. 귀하고 귀하게 맺은 관계이고 인연인지라 길상사에서 보고 듣고 느끼는 것들이 제게는 예사롭지 않습니다.

길상사 사진을 통해 특종 사진보다 더한 희열을 느끼며 감사하고 있습니다. 제 노력과 정성이 아직 부처님이 보시기에 부족하기 이를 데 없으나 이 생에서의 '제 일'이라 생각하면서 '인연'의 모습들을 찍어볼까 합니다.

마음과 마음

내가 너무 커버려서
맑지 못한 것
밝지 못한 것
바르지 못한 것.

누구보다
내 마음이
먼저 알고
나에게 충고하네요.

자연스럽지 못한 것은
다 욕심이에요.
거룩한 소임에도
이기심을 버려야
순결해진답니다.

마음은 보기보다
약하다구요.
작은 먼지에도
쉽게 상처를 받는다구요.
오래오래 눈을 맑게 지니려면
마음 단속부터 잘 해야지요.

작지만 옹졸하진 않게
평범하지만 우둔하진 않게
마음을 다스려야
맑은 삶이 된다고
마음이 마음에게 말하네요.

길상음악회에서 이해인 수녀님이 낭송한 「마음이 마음에게」라는 시입니다. 석가탄신일을 축하하러 오신 수녀님이 좋은 시를 주셨습니다. 수녀님의 따뜻한 마음을 부처님도 아셨을 것입니다. 법당 앞 연등 아래서 시를 읽는 그 마음을 많은 이들이 마음으로 받아들였습니다.

눈길

누구나 바라볼 수 있는 곳입니다.
남녀노소와 인종과 종교를 초월합니다. 미물 또한 바라보며 원을 세워도 염화미소 속에서 평안을 느낍니다. 그곳은 부처님이 계신 법당입니다. 스님과 수녀님의 눈길이 법당을 향하고 있습니다.

길상음악회가 열리는 날 스님과 수녀님들의 자리는 중앙 앞자리였습니다. 같은 줄에 앉으셨더라면 말씀을 나누는 모습을 찍었겠으나 법당 쪽을 향한 눈길만으로도 충분했습니다. 스님의 그윽한 눈길 속에 자비를 향해 가는 구도자의 모습이 있고 수녀님의 눈길에는 자신을 헌신하는 사랑이 묻어납니다.

하늘 아래 세상, 세상 아래 연등이 있었습니다. 연등 아래 성직자들이 한자리에 있었기에 카메라는 그들의 눈길을 찍지 않을 수 없었습니다.

스님과 수사

세상의 어울림은 많고 많지만 이런 어울림도 있습니다.
꾸며내지 않은 그대로의 모습이기에 더 어울리는지 모르겠습니다. 파르라니 깎은 머리와 가르마 탄 머리는 구별되나 그네들이 손을 잡으니 어색함은 오간데 없고 조화만이 있습니다. 신록을 배경으로 한 회색과 밤색 또한 어긋남이 없습니다.

길상사 인근에 있는 작은형제회 수사님입니다.
석가탄신일을 축하하러 수사님이 직접 화분을 들고 찾아오신 것입니다. 지척에 있긴 하지만 꽤나 무거운 화분을 들고 오셨기에 스님의 도움에 기분이 무척 좋았을 것 같습니다. 화분을 놓은 손이 가벼웠을 것이고 스님의 합장에 어색함이 사라졌을 테니 말입니다.

석가탄신일과 크리스마스 때는 성북동 일대가 잔칫집 같습니다.
연등 트리와 함께 상대방의 명절을 진심으로 축하해 주는 플래카드가 사찰, 성당, 교회에 걸려 있어 보는 이의 가슴을 훈훈하게 합니다. 그 안에는 이처럼 자연스런 아름다움 또한 있습니다.

목탁

이 소리에 반했습니다.
어떤 소리보다 가슴속에 깊이 닿았습니다.
존재만을 알았을 때부터 마냥 좋아했습니다.
목탁을 치며 놀았던 시절도 있었습니다.

전체가 다 보이지 않으니 그 뒷부분이 궁금합니다.
가려져 있는 목탁은 수줍어하는 새색시의 모습과 같습니다.

목탁의 울림은 전보다 훨씬 큽니다.
조금이나마 그 의미를 알았기 때문입니다.

추기경님의 방문

찬송가 대신 박수 소리가 추기경님을 맞았습니다.
그 소리는 우뢰 같지는 않았지만 간간이 들리는 '추기경님이다'라는 소리와 합쳐져 세상 어느 박수 소리보다 진심이 담겨진 것이었습니다. 공손하게 부축하는 주지스님의 모습에서 추기경님을 맞는 길상사 4부대중의 마음가짐이 보입니다.
한국 가톨릭의 어른이신 김수환 추기경께서 석가탄신일에 열린 길상음악회에 오셨습니다.
추기경님의 길상사 방문은 어려운 걸음이었습니다. 그것은 사랑의 실천이요, 자신을 온전히 바치는 보시였습니다. 몸이 불편한 당신의 어려움보다는 세상의 도움이 필요한 이웃을 위해 헌신하셨기에 추기경님의 길상사 방문은 사랑과 보시의 진정한 의미를 깨닫게 했습니다. 종교 간의 알듯 모를 듯한 벽이 남아 있는 한국의 현실에서 가톨릭계 수장의 사찰 방문은 말처럼 쉽지 않은 일이기 때문입니다.
추기경님이 길상사에 오신 것만으로도 세간에 화제가 됐는데 그 목적이 국내입양을 돕는 성가정 입양원을 위한 음악회 참석이었기에 사람들에게 입양을 다시 한번 생각하게 하는 계기가 되었습니다.

삭발

무명초가 사라집니다. 번뇌 또한 사라집니다. 승복을 입기 위해 삭발을 하며 다짐했던 견성성불見性成佛의 결심만 커져갑니다. 머리를 꼭 누른 왼손은 그 결심을 이루겠다는 표시처럼 보입니다. 면도기에 눈이 달려 있는 양 스님은 면도를 능숙하게 놀려 머리를 깎습니다.

산중 사찰은 한 달에 두 번 그믐과 보름에 머리를 깎기에 대중들이 서로 머리를 깎아주지만 대중 수도 적고 스님들이 각각의 거처에서 거주하는 길상사에서는 스님 스스로 깎습니다. 길상사 스님들은 길게는 열흘 짧게는 일주일 만에 머리를 깎습니다. 자주 머리를 깎으니 스님들도 시원할 것 같고 보는 사람들도 기분이 좋습니다.

옛말에 이르기를 '하루에 세 번 머리를 쓰다듬어 출가한 본뜻을 상기한다'라고 했습니다. 무성했던 무명초를 자르고 머리를 쓰다듬으며 날을 세우는 수행자의 모습은 재가불자들이 모르는 그들만의 삶입니다.
백척간두에 서 목숨 걸고 수행하는 납자의 결연한 의지가 사진에 백분의 일이라도 보인다면 좋겠습니다.

4

길을 찾아 떠나는 마음여행

㊨ 먼지 속에도 세계가 있듯이 마른 잎 또한 마찬가지입니다. 고엽 안에도 나무가 있고 나무의 생명력이 있으며 세상이 있습니다. 깨닫지 못하여 진리의 한 자락을 접할 것만으로도 기뻐할 따름이지만 만약 그날이 온다면 빙그레 염화미소를 지을 것 같습니다.

나를 돌아보는 발걸음

겨울을 나기 위해 나무들이 떨어뜨린 잎들이 경내에 가득 차 있습니다. 그 위를 스님이 걸어가고 있습니다. 중생구제를 위해 바삐 다녔을 스님의 두 발이 오늘은 고즈넉하기 이를 데 없습니다. 깊어가는 가을 길상사의 한 모습입니다.

깨달음의 걸음을 걷고 있는 스님의 뒷모습은 제게는 저를 뒤돌아보게 하는 또 다른 모습입니다. 세월이 흘러 만추에 이르렀건만 '나는 무얼 했나' 하고 생각해 보니 딱히 떠오르는 것이 없어 아쉽기만 합니다. 눈에 보이는 것들은 속이 찬 결실의 모습이지만 아직도 갈 길이 먼 사진장이에게 만추는 반성의 시간이기도 합니다.

선원장 스님께서 카메라를 메고 오가는 저를 보고 "거사님께서는 길상사가 좋은 공부 도량인 것 같습니다"라고 말씀하셨습니다. 길상사에 가만히 앉아 아무리 작은 것이라도 찬찬히 들여다보면 저의 빈 모습을 발견할 수 있습니다. 만추의 아침에 본 스님의 뒷모습 또한 공부 재료입니다.

스님과 죽비

스님은 얼굴이 찍히길 원하지 않으셨습니다.
그래서 재빠른 저의 손놀림도 가볍게 따돌렸나 봅니다.
얼굴은 찍지 않겠다고 약속을 하자 그때서야 촬영을 허락했습니다.

저는 스님이 들고 있는 게 죽비인 줄 몰랐습니다.
죽비 하면 참선방에서 무서운 얼굴의 스님이 들고 있는 장군죽비만 있는 줄 알았습니다. "대나무로 만든 짧은 게 뭐예요"라는 저의 무식한 질문에 길상사 종무소의 보살님이 "그것도 죽비입니다"라고 해서 놀랐습니다.
죽비에도 여러 가지가 있는데 하나만 알고 둘은 몰랐던 셈입니다.
약속대로 스님 얼굴은 나오지 않았으나 혹 길상사 대중들이 보면 누군지 알 수도 있을 것입니다.

췌언이지만 스님의 턱수염과 화면 오른쪽 밑의 조그만 풀잎이 묘한 수미쌍관을 이룹니다.

비질하는 마음

그냥 마당을 쓰는 줄 알았습니다.
설마 마당에 '줄을 그릴 줄'은 몰랐습니다.
3백여 평 남짓 되는 길상사 경내를 스님은 40여 분에 걸쳐 조심스럽게 쓸었습니다.

비질하는 모습을 예상했으나 전혀 다른 '줄긋기'가 시작되자 스님의 속내가 참 궁금했습니다. 이말 저말 여쭤보면서 스님의 속내를 가늠해 봤습니다. 왜 이렇게 그리는가에 대한 질문은 아니었고 좀 둘러서 물었습니다. 재미가 좀 덜하기 때문이었습니다. 그럴 때마다 스님은 비질을 멈추고 친절하게 말씀을 하셨습니다. 그러다가 스님은 제게 이렇게 물었습니다.
"아무도 가지 않았던 눈 쌓인 길을 걸어본 적이 있으십니까?"
경험이 있지만 언제인지 가물가물해 대답이 좀 늦어지자 스님은 "그런 길은 함부로 가는 게 아닙니다. 왜인지 아십니까? 마음자리가 보이기 때문이지요……."
스님의 말씀을 듣고 고개를 끄덕였습니다. 눈길도 눈길이지만 스님의 비질이 '줄긋기'가 된 연유를 조금이나마 이해했기 때문이었습니다.

스님의 줄긋기는 경내에 눈을 수북이 쌓이게 하는 것과 비슷하다고 생각했습니다.
가지런한 저 줄이 바로 아무도 밟지 않는 눈인 것입니다.
함부로 신발을 끌고 마당을 걸어갈 수는 없습니다. 뒤를 돌아보면 내 발자국이 너무도 부끄럽기 때문입니다. 이것뿐입니까. 밟을 때도 줄의 결을 따라 조심조심 밟아야 합니다. 보일 듯 말 듯한 발자국을 남기며 길상사 경내를 왔다 갔다 할 수는 없지만 그런 마음으로 걷는다면 한참 지나 절을 찾은 이들에게 혹 줄의 의미가 보일지도 모르기 때문입니다.

마당에 그어진 비질이 남긴 줄의 의미를 알고 난 후 길상사에 갈 때마다 마당을 보게 됩니다. 줄이 잘 보이면 왠지 제 마음도 환해집니다.
청소하는 스님의 모습을 찍으러 갔다가 더 깊은 겸손의 마음을 배우고 왔습니다.
꼭두새벽에도 한 번씩 일어나 길상사에 가는 이유가 여기에 있습니다.

빨래

이 사진을 찍은 후 무척 기분이 좋았습니다.
십수 년 동안 제가 찍었던 어느 빨래 사진보다 훌륭했기 때문입니다.
빨래는 그 속성상 균형미와 단순미를 표현하기 어려운 소재입니다. 빨래는 어떻게 너느냐 또 그 빨래가 어떻게 걸려 있느냐가 관건이기 때문입니다. 빨래를 복잡하지 않고 깔끔하게 널려면 그 전에 치밀하게 준비하지 않으면 안 됩니다. 그러나 그게 쉽지가 않습니다. 빨래 널기가 예술 작품 만드는 게 아니므로 손에 잡히는 대로 널지, 빨랫줄의 길이와 걸린 후의 조화까지 생각하는 사람은 많지 않기 때문입니다. 놀랍게도 스님은 모든 것을 고려해 빨래를 널었습니다.
결코 카메라를 쥔 객을 의식한 동작으로는 보이지 않았습니다. 너무도 자연스럽게 빨리 널었습니다.

스님이 빨래를 널기 시작할 때만 해도 빨래에서 단순미와 균형미를 보리라고는 기대하지 않았습니다. 그러나 흰 양말이 빨랫줄에 하나씩 걸리면서 제 생각이 틀렸다는 걸 알았습니다. 스님은 마치 각본을 보고 빨래를 너는 양 보기 좋게 빨래를 널었습니다. 양말, 수건, 팬티, 바지, 러닝셔츠 순

으로 '그림'이 되게 널었습니다. 확인해 보지는 않았지만 스님은 빨래를 세탁기가 아닌 손빨래를 한 듯이 보였습니다. 그렇지 않고서야 양말이 맨 위에 가고 러닝이 맨 아래에 가도록 차곡차곡 빨래 대야에 담을 수는 없었을 것입니다.

스님은 혼자 사는 사람의 빨래가 너무 많아서 창피하다고 사진 찍는 걸 꺼렸지만 저는 오히려 한동안 궂었던 날씨가 고마웠습니다. 매일 푸른 하늘이 계속됐더라면 빨래 사진은 못 찍었을 것입니다.

사진을 찍으면서 속으로 생각했고 입으로도 했던 말이 있습니다.
"스님…… 빨래를 이렇게 잘 너시는 걸 보니, 스님 공부가 보통이 아닌 것 같습니다."
좋은 사진을 찍게 해준 스님께 드리는 저의 작은 찬사였습니다.

경책驚責

경책은 선방에서 볼 수 있는 풍경입니다.
참선하는 사람이 자세가 바르지 못하거나 졸고 있어 선방의 분위기를 해칠 때 입승 스님(참선의 인도자)이 장군죽비를 이용해 흐트러진 이의 몸과 마음을 바로잡아주는 것입니다.

학생은 인자하신 스님이 설마 경책을 내릴 줄 몰랐을 것입니다. 그것도 맨 처음으로 말입니다. 졸고 있을 때 스님이 죽비로 어깨를 툭 쳤고 학생의 얼굴엔 '아 들켰구나' 하는 당혹감과 실망감이 스쳤습니다. 이어 멋쩍은 미소와 함께 상체를 굽혔습니다. 어깨에 긴 장군죽비가 닿을 때마다 큰 소리가 났습니다. 소리는 설법전 안을 울렸지만 그리 아파 보이지는 않았습니다.

경책할 때의 '따다닥' 소리 후 설법전 풍경은 달라졌습니다.
같이 가부좌를 틀었던 학생들은 난생 처음 들었던 죽비 소리가 예상보다 컸던 까닭에 스님이 발걸음을 옮기기 시작하자 '이크' 하며 자세를 바로잡았습니다. 경책 후 예의 선방 분위기가 만들어졌습니다.

고엽枯葉

오 헨리의 단편 『마지막 잎새』를 연상케 하는 고엽입니다.
오 헨리의 잎새엔 사람을 살리려는 인정이 있다면 길상사의 잎새에는 순리가 있습니다. 철이 다 되어 이제 자연으로 돌아가려는 잎새는 스스로 그러함의 모습입니다.
먼저 난 잎들은 바닥에 떨어졌고 늦게 난 이 잎새는 하루 이틀 더 붙어 있을 모양입니다. 주위의 이파리들이 모조리 떨어졌는지라 잎새는 쏟아지는 햇살을 혼자 온몸에 받고 있습니다. 스스로 원한 독점은 아니지만 미안한 듯 수줍은 모습입니다.

잎새는 바짝 말랐습니다. 싱싱한 생명력을 자랑했던 푸른 잎은 만지면 바스락 소리가 날 듯 물기 하나 없습니다. 운이 좋아 내일도 나무에 붙어 있다면 햇살을 받겠지만 땅에 떨어진다면 스님의 비질에 쓸릴 것입니다.
먼지 속에도 세계가 있듯이(일미진중함시방—微塵中含十方) 마른 잎 또한 마찬가지입니다. 고엽 안에도 나무가 있고 나무의 생명력이 있으며 세상이 있습니다. 깨닫지 못하여 진리의 한 자락을 접한 것만으로도 기뻐할 따름이지만 만약 그날이 온다면 빙그레 염화미소를 지을 것 같습니다.

손, 큰 손

법정스님의 손은 무척 큽니다. 승복 위에 놓여 있어서 스님의 손이란 걸 알았지 얼핏 보기엔 노동에 단련된 억센 손처럼 보입니다. 스님의 맑은 눈빛과 굵고 단단하면서 큰 손은 조화가 참 잘 되었습니다. 스님의 손이 희고 고와도 의미가 있을 테지만 저는 스님의 이런 손이 훨씬 더 좋습니다.

이 손은 참 많은 일을 하셨습니다.
삽과 괭이를 들고 밭을 일구었고 큰 돌을 옮기느라 힘을 썼습니다. 구릿빛 색깔과 그 위에 튀어나온 힘줄은 남의 손을 빌리지 않고 당신이 모든 일을 했음을 말해 주고 있습니다. 수많은 중생을 위해 목탁과 염주를 매만졌고 청빈의 아름다움을 보다 많은 이에게 알려주고자 펜을 잡기도 했습니다. 이 손은 또 세상 어디에 내놔도 손색없는 아름다운 길상사를 만들었고 일구었습니다.

스님은 법문에서 이렇게 말씀하셨습니다.
'한 소식은 결코 선방에서 들을 수 없다. 자비심으로 충만한 행동을 할 때만이 온다.' 깨달음의 그것은 이 굵고 큰 손처럼 열심히 일하고 또 행할 때 오는 게 아닌가 하고 생각해 봅니다.

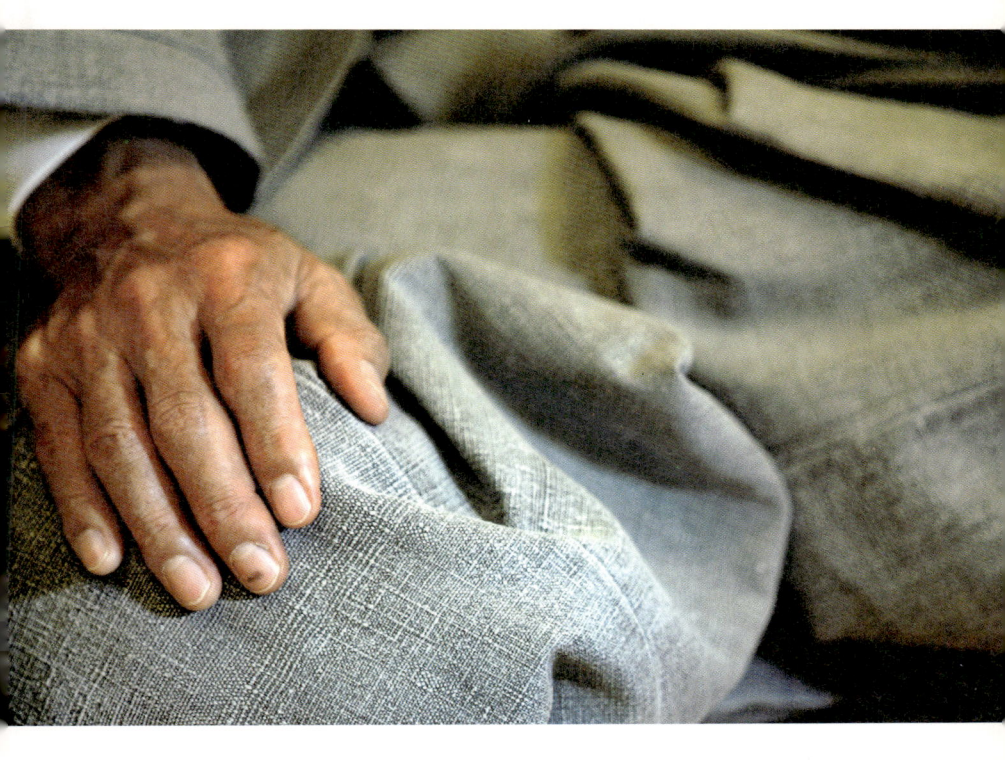

손과 문고리

절에서 보는 두툼한 문고리입니다.
놋쇠로 된 문고리는 부처님 상호가 주는 느낌과 비슷한 둥글둥글함으로 사람의 마음을 포근하게 합니다. 둥근 모양의 문고리는 부처님 법과 자비는 헤아릴 수 없음을 의미하는 듯합니다. 사시 예불을 위해 극락전에 들어가는 스님이 문을 닫고 있습니다. 매일 서너 차례 스님은 이 문고리를 잡고 법당 안에 들어가 예불을 올립니다.

부처님은 제가 세상에 있기 아주 오래전부터 계셨습니다.
앞으로도 부처님은 영원히 존재하실 것입니다. 그 부처님을 뵙느냐 뵙지 않느냐의 문제는 온전히 자신에게 있습니다.
길상사 극락전의 문고리는 새것이 아닙니다. 7년 전 만들어졌던 문고리는 수많은 손길에 의해 이렇게 윤이 납니다. 많은 스님과 불자들이 부처님 법과 자비를 구하려 문고리를 잡았음을 알게 합니다.

문고리를 잡음은 부처님의 법과 자비를 아는 문을 여는 것과 진배없습니다. 문을 열고 들어가 그 세계를 봅니다. 덩그러니 부처님 세 분만 모셔져 있는

극락전이지만 자비로 가득 차 있어 넓이와 깊이를 가늠할 수 없는 무한대의 공간입니다. 그 끝자락을 느끼기 위해 절도 해보고 명상에 잠겨봅니다. 전생에 담지 못한 아쉬움에 또 그리움에 이생에서도 엎드리고 정좌할 것입니다.

스님 신발들

신발은 세 켤레입니다.
검정 고무신, 흰 고무신 그리고 겨울 신.
겨울 신이라고 하니 좀 이상합니다. 털신이 낫겠습니다.
길상사 극락전 뒤에는 공양간(식당)이 있습니다. 공양간에는 방이 있는데 그곳에서 스님들이 공양을 합니다. 처음 길상사에 갔을 때는 이보다 훨씬 많은 신발들이 있었고, 신발의 종류는 사진처럼 많지가 않았습니다. 아마도 토요일 저녁 공양이라 신발의 주인공인 스님들은 저마다 편한 신발을 신고 나오신 모양입니다.
가운데 털신에 눈길이 갑니다.
한여름에 털신도 털신이거니와 이 털신은 뒤쪽이 많이 닳았습니다. 만약 겨울이었다면 발이 시렸을 것입니다.
거침없음을 봅니다. 또한 대자유의 시작을 봅니다. 아직 그 문 앞에도 가보지 못했고 죽을 때까지 보지도 못할 사람이 좀 건방지다는 생각도 듭니다.

카메라는 도구에 불과합니다.
사진은 제 몸이 찍는 것입니다. 이 신발들을 보면서 무엇인가를 느꼈고 그

것은 말했습니다. 사진을 찍어보라고. 이 사진을 찍을 때 공양주 보살님이 그랬습니다. "아니 신발을 왜 찍습니까?" 생각을 말하면 흥이 깨져버립니다. 반짝이는 '삐쭉 구두'에 익숙했던 제게 세 켤레의 신발은 많은 말을 하고 있는 듯했습니다.
공양주 보살님의 두런두런하는 소리가 스님들의 귀에까지 들려 문을 버럭 열어젖힐 것 같아 몇 장 찍지는 않았습니다.

스님 세 분의 체구는 모두 다른 모양입니다.
신발을 보면 압니다. 오른쪽 검정 고무신 스님은 장골일 것 같고 왼쪽 흰 고무신을 신었던 스님은 저랑 비슷한 체격일 듯하고 가운데 털신의 주인은 조금 왜소한 체격으로 보입니다.

도시 속에 있는 절 길상사에 꼭 세련되고 '삐까뻔쩍'한 것들만 있지 않다는 것을 이 사진은 보여주고 있습니다.

길

'길'은 아니지만 길로 보였습니다.
가을의 따가운 햇볕이 내리쬐는 길상사 경내의 맨땅은 구도의 '길'이었습니다.
훌훌 털고 가는 '길'. 멀고 멀어서 가볍게 떠나야 하는 '길'.

몸으로 찍는 사진이기에 한 장의 사진 속에 저의 생각이 담겨 있습니다.
이 긴 사진의 맨 아래서부터 위쪽까지의 공간은 바로 제가 보는 '길'입니다.
스님이기에 이런 구도의 사진을 찍었습니다.
이 프레임 안의 '길'에 들어오기 전 스님은 많은 생각 끝에 출가를 했을 것이고 그 '길'의 많은 부분을 지나 왔을 것입니다. 그렇다고 '길'이 다 끝난 것은 아닙니다. 스님 앞으로도 남아 있는 '길'이 아스라이 보입니다.
붉은 가사와 우주의 한 부분을 상징하는 땅의 대비도 선명합니다.

매일 수많은 사람들이 저 '길'을 밟고 갑니다.

도반 道伴

길상사 마당에 두 스님의 우정이 가득합니다.
왼쪽 스님은 멀리서 온 도반스님을 모시고 처소로 향하는 중입니다. 객스님은 처소로 가기 전 자신이 가져온 그림을 도반스님께 보여주고 있습니다. 스님 또한 도반스님이 보여주는 그림을 흐뭇한 표정으로 바라보고 있습니다. 표정은 그렇지만 스님은 먼 길을 온 도반스님이 피로할까봐 처소로 인도할 몸동작입니다. 객스님은 도반스님의 배려에 아랑곳하지 않고 그림을 손가락으로 짚어가며 설명에 열중입니다.

학인 신분인 두 스님은 떨어져 있었던 기간이 그리 길지 않았을 텐데도 길상사에서의 해후를 참으로 기뻐하셨습니다. 며칠 전에 송광사의 강원에서 수학했고 또 며칠 지나면 송광사 대웅전에서 새벽 예불을 드릴 텐데 말입니다. 중생구제의 길을 함께 가다가 겪는 동병상련의 어려움을 누구보다도 잘 아는 두 스님은 삼사 일의 떨어짐조차 아쉬웠던 모양입니다. 이게 도반인가 봅니다.

도반을 찾아 아픈 몸을 의탁하러 가는 어떤 스님을 봤습니다. 도반과의 만

남에 들떠하는 스님도 봤습니다. 도반은 속세의 인연을 벗어던진 스님들이 어쩌면 유일하게 갖는 사사로운 인간관계가 아닐까 하고 생각해 봤습니다.

낙엽 태우기

스님의 낙엽 태우는 솜씨(?)는 보통이 넘습니다.
활활 타오르는 불꽃 바로 위에는 아직까지 나무에 붙어 있는 마른 나뭇잎들이 꽤 많았으나 불티가 그곳까지 번지지 않습니다. 오래 해본 솜씨였습니다.
행자시절 불일암에서 법정스님을 모실 때 청소를 하도 잘해서 그걸 보신 보살님이 '속세에서 혹 청소부 아니셨습니까'라고 여쭤볼 정도로 청소에는 일가견이 있었던 스님이었습니다. 스님은 이런 저런 얘기를 하면서도 대막대기를 이용해 수북이 쌓인 낙엽을 잘도 태웠습니다. 저 같으면 막대기에 몇 번이고 불을 붙였을 텐데 말입니다.

낙엽 태우기 구경은 어렸을 적 부지깽이를 들고 군불을 때던 것을 회상하거나 도시의 절에서 정감어린 광경을 볼 수 있음에 감사하는 것으로만 끝나지 않았습니다.
낙엽이 거의 다 타고 잔불 정리를 하던 스님이 "그 많던 게 타니 다 재라…… 다 재라"라고 혼잣말처럼 중얼거렸기 때문입니다. 스님의 말씀에, 낭만적인 분위기에 젖어 있던 저는 정신이 퍼뜩 들었습니다. 방금 전에 푹

신함을 느끼게 했던 주단 같은 낙엽들과 몸을 따뜻하게 했던 온기에 대한 생각은 사라지고 남은 건 뒤통수를 치는 그 무엇밖에 없었습니다. 애착을 가지는 것들에 대해 생각해 봤습니다. 한숨이 절로 나왔습니다. 내가 가졌고 갖기 위해 노력했던 것들이 재로 변하는 나뭇잎과 비슷하다는 생각을 했습니다.

푸근함을 줬던 모든 것들이 한 줌의 재로 변했습니다. 낙엽 태우는 냄새에 한 걸음에 달려왔던 저는 '모든 것은 흙으로 돌아간다'는 평범한 진리를 깨달았습니다.

수레 미는 스님

법정스님이 고갯길에서 만난 거사님을 도와주고 있습니다.
왼발을 땅에서 띠었고 오른손은 짐에서 떨어졌습니다. 고갯길의 정상을 막 지나쳤는지라 이만하면 혼자 갈 수 있겠다는 생각에 온 힘을 다한 도움으로 보입니다. 거사님은 고개 시작부터 스님을 만났더라면 수월하게 고개를 올랐을 텐데 조금 운이 덜했습니다.

이 사진은 제게 많은 것을 생각하게 했습니다.
법정스님 얼굴이 안 보이는 데도 불구하고 이 사진을 올리는 이유는 아직도 맴돌고 있는 생각 때문입니다. '사진과 인간의 도리 중 어느 것이 우선인가'.

거사님을 본 것은 제가 먼저였습니다. 법정스님이 주지스님과 함께 행지실을 나설 때 가시는 길을 잘못 예측한 저는 아랫길로 설법전을 향했고 스님 일행은 윗길로 오셨습니다. 한 발 먼저 갔기에 설법전 앞부터 시작되는 고갯길에서 무거운 수레를 끌고 가는 거사님을 발치에서 볼 수 있었습니다. 순간 '거사님을 도와야 하나…… 어떡하지'라는 생각이 들었습니다. 거사님을 돕게 되면 법정스님을 못 찍을 것 같아서 눈을 질끈 감고 스님이

오시길 기다렸습니다. 그런데 고개 중턱에서 거사님을 본 법정스님은 가던 길을 멈추고 거사님을 도와드렸습니다. 차라리 법정스님도 거사님을 지나치고 저 또한 법정스님이 도와주는 모습을 카메라에 담지 않았더라면 마음이 편했을 텐데 그게 아니었습니다. 스님도 볼일이 있어 가시는 길이었고 저 또한 사진 찍기라는 제 볼일이 있었는데 저와 스님의 행동은 정반대로 나타난 것입니다.

기자들이 득실거리는 치열한 취재현장에서 한눈을 팔면 낙종을 하는 절박한 순간도 아니었는데 저는 참으로 잘못된 선택을 했습니다. 사진기자가 아닌 인간으로서 만나는 현장이었는데……. 부처님 전에서 올리는 백팔배의 절보다 살면서 부딪치는 순간에 불성을 발하고 인간의 모습을 보여야 하는데 저는 너무 사진에 함몰돼 있었습니다. 사진보다 더 중요한 것은 '실천'인데 저는 실천을 미루었고 눈감아 버리고 말았습니다.

그때의 모습이 머릿속을 떠나지 않습니다.
이 사진을 볼 때마다 저의 잘못을 뉘우칠까 합니다.

헤어진 천수경

천수경이 닳았습니다.
30여 년의 세월은 종이도 이렇게 헤어지게 만드나 봅니다. 그 기간 동안 매일 천수경을 독경하지 않았으면 종이는 색만 바랬겠지만 너덜너덜해진 걸 보면 보살님이 천수경을 얼마나 열심히 읽었는지 알 수 있습니다. 보살님의 신심에 저절로 머리가 숙여집니다.
신묘장구대다라니의 많은 부분이 닳아 없어졌지만 없어진 부분은 이미 보살님의 마음속에 새겨져 있습니다.

종이가 헤어졌기에 보살님은 천수경을 손 위에 올려놓고 있습니다. 염주를 두른 손 위에 올려진 천수경은 부처님 말씀을 대하는 보살님의 마음을 나타냅니다. 길고 긴 천수경을 독경하면서 보살님은 천수경의 말씀을 마음에 꼭꼭 넣었음에 틀림없습니다. 보살님은 중생구제를 위한 보살행을 다짐했기에 그 염원이 투영된 이 헤어진 천수경을 삼십 년째 갖고 있는지도 모르겠습니다. 신심에도 정이 있다면 보살님의 헤어진 천수경이 그 예가 될 것 같습니다.

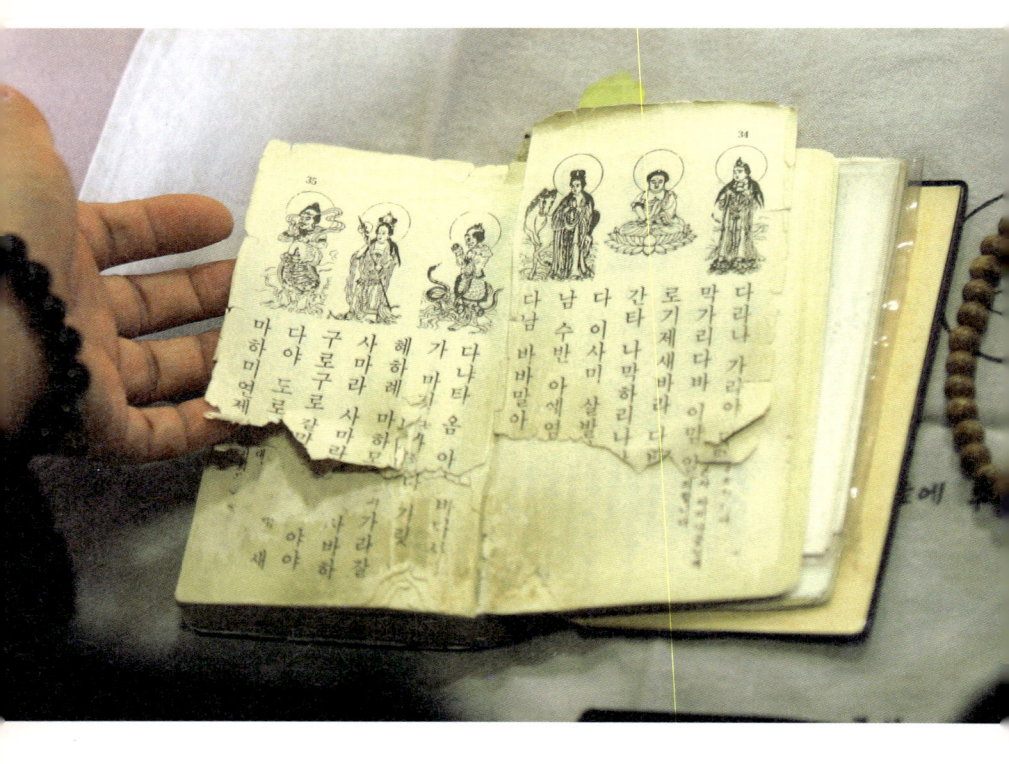

길상사 사진을 찍으면서 여러 모습으로 나타나는 부처님의 모습을 봅니다. 헤어진 천수경 또한 다르게 나타나는 부처님의 모습이며 사람마다 들어 있는 불성을 깨우쳐주는 것이라고 생각합니다. 보살님의 부처님을 향한 정성과 신심이 사람 속에 들어 있는 불성이 아니겠습니까.

새벽 법당에서 본 헤어진 천수경은 이제 막 불문佛門에 들어선 제게 어떻게 부처님을 섬겨야 하는지를 말해 주었습니다.

염불

머리 깎고 가사 입은
운수납자 염불은
하늘에 닿고 땅에 닿았건만

더벅머리 빈 수레의
사진은
세상을 헤매니

지장보살
높고 넓은 뜻
언제 헤아릴까.

그리고 아무 말도 하지 않았다

'그리고 아무 말도 하지 않았다.'
스님이 사회자의 노래 권유를 뿌리치며 하신 말씀입니다. 스님의 재치가 묻어났습니다. 고승의 노래를 고대했던 5천여 불자들의 아쉬움을 뒤로한 채 스님은 단을 내려가셨습니다. 당신 또한 불자들의 마음을 알기에 그 미안함을 약간의 계면쩍은 표정으로 나타냈긴 했지만 만면에 '즐거운 웃음'을 띠고 계십니다. 어려운 순간을 모면한 것을 기뻐하는 표정이 그대로 나타납니다. 저와 불자들은 스님의 노래를 들을 수 있는 기회를 놓친 게 너무 아쉬웠지만 대신 인간적인 체취를 듬뿍 느꼈습니다.

법정스님의 인간적인 체취를 맡기란 힘든 일입니다.
대중이 스님을 뵙는 자리가 법회 때이거나 경내를 지나실 때 주마간산 격으로 스치는 정도라 스님의 보통 표정을 대하는 게 고작이기 때문입니다. 무엇이 인간적인 것인가 하는 데에는 여러 생각이 있을 수 있으나 보통 사람의 모습을 보이는 게 '인간다움'이 아닌가 합니다.
스님이 쓰신 인도 기행에는 인간다움을 맛볼 수 있는 구절이 있습니다. 생소한 인도 음식에 질려 입맛을 잃었다가 한국에서 온 비구니 스님이 끓

여준 라면을 드시고 '오랜만에 라면 맛을 보니 너무 맛있다'라든가 거의 한탄조로 토로하는 '인도가 이런 나라구나' 등에는 스님의 솔직한 생각이 담겨 있어서 인간적이란 생각이 들지 않을 수 없었습니다. 그러나 많은 대중 앞에서 스님이 수줍어하며 어떻게든 곤란한 자리를 피해보고자 노력하는 모습에서는 글에 비할 수 없는 '살아 있는 인간다움'이 묻어났습니다. 연예인이 아닌 이상 그 어느 누가 갑자기 청하는 노래에 선뜻 응하겠습니까.

고승의 인간적인 면모를 보는 것. 길상사 사진 찍기의 또 다른 즐거움입니다.

입정入定

스님이 죽비를 들었습니다.
입정을 알리기 위함입니다. 불자들은 부처님 전에 들어올 때부터 마음을 다잡기는 하지만 '딱' '딱' '딱' 세 번 울리는 죽비 소리에 다시금 정신을 한자리에 모아 정定의 상태에 이릅니다. 고요하고 부드럽지만 그 안에는 엄정함도 있습니다.
죽비를 치는 스님의 손과 그 모양이 주는 이미지에 '나를 찾는' 선禪이 맞닿아 있습니다.
오른손은 부드럽지만 힘 있게 죽비를 잡고 왼손을 향해 가고 있습니다. 입정의 엄정함은 직각의 왼손에도 나타나 있습니다. 희지만 곧은 저 왼손은 죽비와 마주쳐 소리를 낼 준비를 하고 있습니다. 스님의 동작에는 한 치의 흐트러짐도 없습니다.

입정 순간을 찍으려고 무진 애를 썼습니다. 시각적인데다가 그 모습이 불교를 상징하는 것이기 때문이었습니다. 몇 차례 실패한 후 법정스님 법문 때서야 비로소 제 뜻을 이룰 수 있었습니다.

고요한 길상사에서 부처님의 모습을 하나씩 보고 있습니다. 풍경에서도 보고 사람에서도 봅니다. 좁은 마음에 가끔씩 보여지는 불성이 담긴 모습을 감사한 마음으로 카메라에 담고 있습니다. 최선을 다해 그 한없는 부처의 세계를 경험하고 싶습니다.

대 이파리 위의 눈

봄을 알리는 눈이 왔습니다.
겨울 길상사에는 눈이 드물었습니다.
겨우내 목말랐던 이파리는 끝이 노랗게 말랐습니다. 그 위에 눈이 쌓였습니다. 며칠 지나지 않으면 노란 이파리는 파랗게 변할 것입니다.

이파리가 전부 싱싱한 파란색을 띨 때 어느새 봄은 와 있을 것입니다.

구도, 그 멀고도 먼 길

인간과 구도자를 동시에 봅니다. 또한 사람의 길과 구도자의 길도 봅니다. 사람의 길은 어렴풋이 알겠지만 구도자의 길은 알 수가 없습니다.
엎드려 머리를 싸매고 있는 스님은 인간이자 성직자입니다. 비슷하지만 다른 성격을 한 몸에 갖고 있는 인격체人格體는 지금 부처님 전에 엎드려 있습니다. 스님이 찾는 길이 멀리 있는지, 이 법당 안에 있는지 모릅니다.

선종의 제2조祖 혜가慧可선사는 팔을 부러뜨려 그 진심을 달마선사에게 보였고 신라의 국사 혜통惠通은 당의 고승 무외삼장巫畏三藏 앞에서 화로를 뒤집어써 불도의 길에 들어서고 싶은 열망을 내보였습니다. 짧은 지식과 얕은 느낌으로 짐작할 때 스님이 머리를 싸맨 이유도 비슷하지 않을까 생각합니다.

온화한 미소 뒤에는 성불이냐 수포냐의 절체절명의 벼랑 끝에 서 있는 스님의 마음이 있을 것입니다. 그런 속내를 내비치지 않는 스님들이지만 스님 또한 사람이기에 이렇게 자신의 마음 한 자락을 보이는 것이라 생각합니다.

관음석상과 눈

관음석상에 눈이 소복이 내려앉았습니다.
석상 화관 부분의 푹 파인 부분과 어깨 부분의 라인을 따라 눈이 쌓인 정경은 색다릅니다. 눈은 금세 녹았기에 스님이 아니었더라면 관음석상의 설경을 못 찍을 뻔했습니다. 홀로 있는 관음석상은 심심하기 때문입니다.

관음석상은 이 시대를 살고 있는 '우리의 얼굴'입니다.
관세음보살은 저 자신일 수도 있고 옆에 있는 이웃일 수도 있습니다. 이 관음석상은 불교 신자가 아닌 천주교 신자가 만들었습니다. 성모마리아를 닮은 관음석상에는 종교간 화합이라는 큰 의미가 녹아 있습니다. 불모佛母를 만들어보고 싶다는 작가의 염원을 법정스님이 흔쾌히 수락해 생겨난 관음석상은 인연의 산물일 수도 있습니다. 또 인연은 눈이 내린 날 관음석상의 색다른 모습을 찍게 해 많은 이들에게 그 의미를 되새기게 만들었습니다.

건강하세요

'주지스님 건강하세요.'
눈이 펑펑 쏟아지던 날 거사님이 쌓인 눈 위에 적어놓은 글입니다. 장갑을 끼긴 했지만 손으로 큼지막한 글자를 쓰느라 손도 시렸을 법한데 거사님은 자신이 쓴 글자를 걱정스러운 듯 쳐다보고 던져놨던 빗자루를 향해 가고 있습니다.

거사님은 이 글을 쓰기 전 제게 주지스님의 건강을 물었습니다. 신중기도에 온 공력을 쏟았던 주지스님의 목소리가 예전과 달랐기에 거사님은 스님의 건강이 염려됐던 모양입니다. 별 이상 없다는 대답에 '주지스님이 건강하셔야 합니다'라고 수심에 가득 찬 목소리로 말합니다.
거사님은 머리에 올려 놓은 모자를 대신하는 수건에 눈이 얼마나 쌓였는지도 모른 채 걸어갑니다. 거사님의 뒷모습은 길상사란 도량이 공간만으로 이뤄진 게 아님을 느끼게 합니다. 신도는 스님을 염려하고 스님은 그런 불자들을 위해 몸을 던져 기도를 올리는 도량. 오늘의 길상사입니다. 길상사의 아름다움은 겉에만 있지 않고 속 안에도 있음을 눈 내리는 날 보았습니다.

이토록 행복한 하루

초판 1쇄 인쇄 2006년 4월 7일   초판 1쇄 발행 2006년 4월 17일
지은이 이종승   펴낸이 김태영

기획편집 1분사_ 편집장 박선영   책임편집 가정실
1팀_ 양은하 이효선 도은주 성화현   2팀_오유미 가정실   3팀_최혜진 정지연 한수미
디자인_ 김정숙 하은혜 차기윤

상무 신화섭   컨텐츠 기획 노진선미 이유정 이화진   제작 이재승 송현주
마케팅 신민식 정덕식 권대관 송재광 임태순 박신용 김형준   영업관리 이재희 김은실
인터넷 사업 정은선 김미애 왕인정   홍보 김현종 허형식   광고 김정민 이세윤 임효구 임동현
경영지원 하인숙 김범수 봉소아 김성자 최준용   인사교육 송진혁

펴낸곳 (주)위즈덤하우스   출판등록 2000년 5월 23일 제13-1071호
주소 서울시 마포구 도화 1동 22번지 창강빌딩 15층   전화 704-3861   팩스 704-3891
전자우편 yedam1@wisdomhouse.co.kr   홈페이지 www.yedamco.co.kr
출력 엔터   종이 화인페이퍼   인쇄·제본 (주)현문

값 10,000원 ⓒ이종승, 2006 ISBN 89-5913-152-0 03810
* 잘못된 책은 바꿔드립니다.